Leers

Der Leib als Symbol

Der Leib als Symbol

Von Dr. med. Hans Leers

Libri Books on Demand

Copyright 1999 Dr. med. Hans Leers

Umschlaggestaltung : Anna-Caroline Berger

Alle Rechte vorbehalten.

ISBN 3-89811-353-1

Printed in Germany

Meiner lieben Frau,
ohne die ich das nicht hätte machen können

Inhalt

Geleitwort

Im Kommentar zum § 1 seines Organon der Heilkunst fordert *Samuel Hahnemann*, der Arzt solle sich an die Tatsachen halten und sämtliche Spekulationen unterlassen. Rationale Heilkunst soll die Homöopathie sein. Deshalb soll der Arzt nach dem höchsten Ideal der Heilung auf dem kürzesten, zuverlässigsten, unnachteiligsten Wege handeln, nach deutlich einzusehenden Gründen (§ 2).

Spitzfindige Systeme zu erdenken fand *Hahnemanns* Mißbilligung. Seine immer noch in der Fortentwicklung begriffene Methode fußt auf dem Experiment und der Beobachtung. Die zusammenkommenden Erfahrungen aus der Anwendung tragen täglich zur weiteren Vervollkommnung bei. Voraussetzung für das Sammeln aussagekräftiger Befunde ist eine saubere Arzneimittelwahl.

Mathias Dorcsi formulierte die Forderung des ,,Sehen — Hören — und Begreifen''. Der Arzt soll diese drei Dinge ein Leben lang erüben. Nur dann kann er Einzelmittel mit Erfolg verordnen. Nur dann kann er rational heilen lernen. Und nur dann lernt er täglich über die Hintergründe des Krankseins hinzu.

Hans Leers hat ein Leben lang geübt. Ein Abfallprodukt seines konsequenten Übens ist seine berühmte Lochkartei und seine Sammlung seltener Symptome — ,,Was nicht im Kent steht''. Er ist Nervenarzt, und so dürfen wir gewiß sein, daß solide Grundkenntnisse über Physiologie von Hirn und Nerven vorhanden sind. Da er jedoch ein Leben lang Homöopathie treibt, hat er hinsehen, hinhören und begreifen gelernt.

Wie der Autor nun auf Organe und die embryologische Entwicklung des Menschen hinsehen gelernt hat, ist schlicht gesagt erstaunlich. Es überrascht den Leser, aber es ist deutlich einzusehen. Und es ist originär, obwohl es auf Bekanntem fußt.

Wenn wir als Leser dem Gang der Darstellung unbefangen folgen, wobei *Hans Leers* sich nicht scheut, scheinbar Banales aufzugreifen, werden wir vom Begreifen zum Verstehen geführt.

Nur dann ist ein Urteilen möglich.

Das Nächstliegende zu hinterfragen, von dort mit der sokratischen Methode von Anamnese und Sinngebung weiterzugehen, das läßt uns hinter die Kulissen des Seins schauen. Wenn wir das begriffen haben, wer-

9

den wir verstehen, daß hinter jedem Symptom und Syndrom der ganze Mensch steht, der seine Signale symbolhaft sendet. Aufgabe des Arztes ist, zu einem Urteil über das ablaufende Geschehnis zu kommen.

Die Gedanken von *Hans Leers* werden den ärztlichen Leser ein Stück weiter im lebenslangen Lernprozeß des Umgangs mit dem Gesetz der Ähnlichkeit bringen. *Hahnemann* hat in seinen drei Lernschritten die Leipziger, die Köthener und die Pariser Homöopathie entstehen lassen. Letztere eröffnete durch die Frage „Bei wem wurde was geheilt?" den Blick hinter die Kulissen der Krankheit.

In die heutige Homöopathie dürfen wir alles einbringen, was an erlebtem Wissen angereichert in uns ist. Dann können wir den Kranken verstehen lernen, wenn uns das Wissen zur Kunst des rechten Fragens verhilft. Durch die rechte Gewichtung des Gehörten wie des Gesehenen, können wir das heilende Mittel finden, das die Lebensordnung wieder herstellt.

Diese Lebensordnung richtet sich nach der Symbolik des Leibes. *Hans Leers* hat dazu einiges Wesentliche erkannt, was neu ist und legt es uns dar. Er hat es entdeckt, nicht ersonnen. Aber er hat es für richtig gehalten, darüber nachzusinnen.

Diese Arbeit war für mich besonders reizvoll zu lesen, weil einmal die ganze Lebenserfahrung eines tätig alt gewordenen und immer noch tätigen Arztes dahintersteht, zum anderen, weil eigene Erfahrungen bei Heilungsvorgängen mich gelehrt haben, tiefer zu blicken. Es ist zu wünschen, daß es den Lesern ähnlich ergehen möge.

Manfred Freiherr v. Ungern-Sternberg

Vorwort

Vor nun mehr als 45 Jahren kamen mir die ersten Ideen. Damals fielen mir Übereinstimmungen auf, von denen ich noch nie gehört hatte. Übereinstimmungen zwischen körperlichen Gegebenheiten und psychologischen und geistigen Wahrheiten. In den Kriegsjahren, in einer Wartezeit in Rußland, war eine erste Ausarbeitung möglich, ebenso in der ersten Nachkriegszeit.

Dann blieb sie lange liegen. Ich dachte, das will doch niemand lesen. Erst vor 2 Jahren grub ich sie wieder aus und begann mit einer gründlichen und vollständigen Überarbeitung, besonders auch im Hinblick auf praktische Gesichtspunkte. Auch heute noch ist mir großenteils nichts Ähnliches bekannt. (Bei meiner geringen Literaturkenntnis will das jedoch wenig heißen.) Immerhin fand ich inzwischen in einschlägigen Werken starke Stützen und Bestätigungen.

So soll das Ganze nun in neuer und hoffentlich brauchbarer Form einer vielleicht wohlwollenden Mitwelt vorgelegt werden.

Die am Ende aufgeführten Definitionen wollen natürlich nicht allgemeingültig sein, sondern nur zur Erläuterung dienen.

Einführung

Unser Körper ist mehr als nur Materie. Er ist „lebende Gestalt" und gestaltetes Leben. Er vereinigt Bekanntes und Unbekanntes in sich: er ist ein Symbol. Ein Symbol ist eine Brücke zu Unbekanntem. „Die Kreatur ist ein Buch" sagt Meister *Eckehart*. Dann wollen wir aber auch darin lesen. Versuchen, seine geheimen Schriftzeichen wenigstens teilweise zu entziffern. Aber nicht nur wie bisher als Ausdruck individueller Besonderheiten und Charakterzüge, sondern wie wir sehen werden, sagt der Leib auch viel mehr Allgemeingültiges aus als wir zunächst ahnen. Er ist ein Spiegel des ganzen Lebens und enthält alle Weisheit — soweit wir nur darin zu lesen vermögen.

Bis jetzt hat man den Leib fast nur materiell erforscht, sozusagen von außen — jetzt soll er von innen her gesehen werden, von der Mitte aus, kopernikanisch. So wie von der Sonne aus die Planetenbahnen erst verständlich wurden.

Das Erleben von Raum, Zeit, Materie, Energie und Kausalität und damit unser alltägliches Bewußtsein, beschränkt sich körperlich auf das „Nervensinnessystem" der Anthroposophie, also auf Sinnesorgane, Motorik und die entsprechenden Hirnrindenregionen. Nun bestehen wir aber aus weit mehr. Es liegt jenseits des Bewußtseins und entspricht dem Unbewußten. Was dort ist, wissen wir nicht, es ist ja *un*bewußt. Wir können es nur indirekt erschließen. Darin hat zwar die Tiefenpsychologie einerseits und die Naturwissenschaft andererseits Erstaunliches geleistet. Es bleibt aber naturgemäß ein großer unbekannter Rest. Dieser äußert sich in ganz bestimmten Eigenschaften und Strukturen. Es ist die Art, wie das Bewußtsein das, was jenseits liegt, wo Raum und Zeit keine Gültigkeit mehr haben, verändert wahrnimmt. Ihr Zustandekommen läßt sich, wie wir sehen werden, zwanglos erklären.

Wie erforschen wir aber nun das Unbewußte? Da haben wir ja die Tiefenpsychologie. Schon Altmeister *Freud* sagt: „Der Traum ist die via regia, die königliche Straße zum Unbewußten." Auch im Leib gibt es ein Unbewußtes. Zwar ist bekannt, daß die meisten Lebensvorgänge sich unbewußt und ohne unser Zutun abspielen. Aber da ist noch mehr. Wir wollen im folgenden versuchen, von einer anderen Seite her in die Geheimnisse der Natur einzudringen, den Leib zu deuten, seinen inneren Sinn zu verstehen, so wie man einen Traum heute psychologisch deutet: durch Vergleich mit den Inhalten des Bewußtseins. Wir werden sehen, welche Folgerungen für das ganze Leben sich daraus ergeben.

Ein Traum ist, wie wir heute wissen, kein sinnloses Durcheinander. Es herrschen dort nur andere Gesetze. Es wird sich zeigen, daß auch in unserem Körper dieselben Gesetze herrschen. Wir werden dann sehen, was er uns zu sagen hat. Er gibt uns Kunde aus verborgenen Tiefen. Große geistige Wahrheiten finden in anatomischen und physiologischen Tatsachen ihre Bestätigung. Wir sehen dann manches in neuem Licht und gewinnen Klarheit über bisher Umstrittenes oder Unbekanntes. Wir werden uns im täglichen Leben richtiger verhalten. Und wir ahnen, woher wir kamen und wohin wir gehen. Die Existenz „höherer Welten" wird bestätigt. So werden wir Lebensgesetze besser verstehen. Die sinnfällige Welt ist nicht die einzig wirkliche.

Zunächst aber stehen wir hier auf der Erde. Von hier müssen wir ausgehen mit unserm Tagesbewußtsein. Aber das Instrumentarium des Bewußtseins ist unzulänglich. Wir sind auf Worte angewiesen. Sie enthalten nie die ganze Wahrheit. Es ist, als wollten wir mit einem Sieb Wasser schöpfen, so wie ein Traum morgens durch die Finger rinnt, oder wie wenn jemand im Nebenzimmer spricht und wir nur einzelne Worte hören. Wir müssen uns also beschränken. Es läßt sich nur nacheinander sagen, was zugleich besteht, und nur durch die Brille von Raum und Zeit betrachten, was in der Ewigkeit wurzelt. Es ist immer nur eine Ansicht zu gewinnen von etwas, das viele Seiten hat.

Wer dazu Kraft und Zeit und die nötigen Kenntnisse hätte, könnte über jedes Kapitel ein ganzes Buch schreiben.

Dies ist kein wissenschaftliches Werk und auch kein philosophisches. Es sollen Ihnen nur Tatsachen vor Augen geführt und einander gegenübergestellt werden. Dabei ergeben sich dann hochinteressante Parallelen zwischen körperlichen und geistigen Gegebenheiten. Sie entsprechen sich in allen Teilen aus ihrem gemeinsamen leib-seelischen Ursprung heraus.

Das Bewußtsein

Vorherrschaft der Augen

Zuerst muß das Werkzeug geprüft werden, dessen wir uns bedienen müssen, um Erkenntnis zu gewinnen, seine Bedingtheiten, Besonderheiten und Mängel — die Mängel unseres Bewußtseins. Das Bewußtsein wird von den Psychologen gern mit dem Auge verglichen. Die Besonderheiten des Auges geben unserem Denken die Richtung. Die Mängel und Einseitigkeiten des Denkens können wir im Auge wiedererkennen. Wir sprechen von einem „klaren" Verstand, entsprechend der Lichtdurchlässigkeit des Auges. Wie das Auge als Sinnesorgan vorherrscht, so beansprucht das klare Denken die Vorherrschaft im Tagesbewußtsein. Die Vorderseite des Kopfes nennen wir das „Gesicht" und nicht etwa den „Geruch". Nachdem wir das „Licht der Welt erblickten", entfaltet sich das Bewußtsein. Wir sprechen vom „Licht" und nicht vom „Schall" der Erkenntnis. Es „leuchtet uns etwas ein", ein „blitzartiger" Gedanke kommt uns, eine „Erleuchtung", nachdem wir in der „Finsternis" der Unwissenheit tappten. Es fällt uns „wie Schuppen von den Augen", die „Augen gehen uns auf". Wir sehen die Dinge nun „in einem anderen Licht". Wir wollen „sehen", was nun wird. Wir wollen eine neue Sache „ins Auge fassen", haben eine „Absicht", vertreten eine „Ansicht". Die Sache kann auch böse „aussehen", vielleicht bringt man uns in ein sonderbares „Licht".

Der Blick verrät, was im andern vorgeht, das Ohr kaum. Nachts, wenn das Bewußtsein ruht, ist auch das Auge geschlossen. Das Ohr nicht. Mit dem Öffnen der Augen verschwinden die Träume der Nacht und das Tagesbewußtsein ist wieder da. Wir erheben den Blick in zuversichtlicher Stimmung oder senken ihn, wenn der innere Himmel verhangen ist. Wenn jemand nachdenkt oder sich auf etwas besinnen will, blickt er um sich oder nach oben oder in eine Ecke, als suche er dort etwas.

Entwicklungsgeschichtlich ist die Anlage der Netzhaut und des Sehnerven ein Gehirnteil. Auch das „beleuchtet" die Vormachtstellung des Auges im Bewußtsein.

Blickpunkt

C.G. Jung [15, S. 606] schreibt: „. . . man spricht von einem Blickfeld und Blickpunkt des Bewußtseins. Mit diesem Vergleich ist das Wesen der Bewußtseinsfunktion treffend charakterisiert: nur wenig Inhalte können zugleich den höchsten Bewußtseinsgrad erreichen, und nur eine beschränkte Anzahl von Inhalten kann sich zugleich im Bewußtseinsfelde aufhalten. Die Tätigkeit des Bewußtseins ist *auswählend*. Die Auswahl erfordert *Richtung*. Richtung aber erfordert *Ausschließung alles Nichtzugehörigen*. Daraus muß jeweils eine gewisse Einseitigkeit der Bewußtseinsorientierung entstehen."

Im Brennpunkt der Aufmerksamkeit steht also das, worauf wir den Blick heften. So haften auch die Gedanken an dem, was uns bedrückt, ärgert oder freut und wovon wir nicht so leicht loskommen. Das macht uns unfrei.

Das Auge hat eine Stelle des deutlichsten Sehens. Es ist eine am hinteren Pol der Netzhaut gelegene Stelle mit besonders zahlreichen Sehzellen. Es ist die *Fovea centralis*, die zentrale Grube, der gelbe Fleck. Was auf diese Stelle der Netzhaut fällt, wird am deutlichsten gesehen. Es wird im Gesichtsfeld punktförmig empfunden. Wir sagen darum, wir heften den Blick auf einen Punkt, eben den Blickpunkt. Nicht bei allen Lebewesen ist es so. Beim Pferd fehlt er, da es in der Wildnis auch seitlich Gefahren sehen muß. Manche Vögel haben deren zwei, einen für die Nähe und einen für die Ferne. Der Blickpunkt der auswählenden menschlichen Aufmerksamkeit ist also keine Selbstverständlichkeit. Aber selbstverständlich erscheint uns, was wir gewohnt sind. Aber diese Gewöhnung mußte erst erworben werden. In der Entwicklungsgeschichte von *Grosser-Ortmann* [13] heißt es auf S. 98, unten: „Der charakteristische Bau der Fovea centralis, der Stelle des schärfsten Sehens, wird aber erst mit 6 Monaten angelegt. Die Myelinisierung der Opticusfasern zieht sich bis ins zweite, abschließend bis ins zehnte Lebensjahr hin."

Wir können also unsere Aufmerksamkeit nicht gut teilen. Immer nur *ein* Gedanke steht im Brennpunkt. Durch einen anderen wird er verdrängt oder abgelenkt. So können wir jemand von etwas ablenken. Immer ist *ein* Gedanke führend, im Gespräch als Thema, im Bild als Vordergrund. Wir neigen dazu, jeweils nur *eine* Ursache zu sehen, wo doch in Wahrheit mehrere Faktoren das Geschehen bestimmen.

16

Die einander ausschließenden Gedanken konkurrieren sozusagen miteinander wie die Menschen im Kampf um den Broterwerb. Das Brot, das ich esse, kann der andere nicht essen. Das Auge zielt biologisch auf den Nahrungserwerb. Damit ist der Blickpunkt zugleich ein Bild der individuellen Vereinsamung. Sie wird durchbrochen durch den Blickkontakt zweier Menschen. Beide Ichbewußtseins sind hier miteinander verbunden.

Aber der Blick muß wandern, sonst ermüdet die Netzhaut. Immer Neues wird fixiert. Das geschieht automatisch ruckweise, nicht fließend, sonst hätten wir keine deutlichen Bilder. Jeder Blick ist eine Momentaufnahme. So entgehen auch die fließenden Übergänge im Leben leicht unserer Aufmerksamkeit und wir bleiben an Vorurteilen hängen.

Auch die Zeit sehen wir punktförmig, nämlich als Gegenwart. Wir sprechen vom jetzigen ,,Augenblick". Und so wie wir die Umgebung im Gesichtsfeld weniger deutlich sehen, so verblaßt auch die Vergangenheit — man läßt ,,Gras über etwas wachsen" — und die Zukunft wird undeutlich.

Geradlinigkeit

Jedes Kind weiß, und niemand wird das ernstlich bezweifeln, daß bei uns überall, wo man hinschaut, die gerade Linie und die Ebene stark vorherrschen. Sie sind festgelegt bis zur Härte von Stein und Beton. So ist es am zweckmäßigsten für uns. In der Natur ist es nicht so. Die Gerade entspricht dem geraden Weg des Lichtstrahls. So bevorzugt auch das Denken den kürzesten Weg, wenn wir es auf etwas ,,abgesehen" haben. Auch die Zeit, in der wir etwas kommen ,,sehen", wird als Gerade dargestellt. Erwartungen sind geradlinige Projektionen in die Zukunft. Aber leider geht oft manches ,,schief".

Die einseitige Vorherrschaft der Augen hat zu Rationalisierung und weitgehender Zerstörung unserer natürlichen Umwelt und Lebensgrundlage geführt. Wir haben uns zu weit von unserer wahren Heimat, der grünen Natur, entfernt.

Ansichten

Ich kann eine Sache nur von einer Seite her anschauen, nicht von mehreren Seiten zugleich. Nur von dort aus, wo ich gerade stehe. Ich kann nur *einen* Standpunkt einnehmen. Der andere hat einen anderen Standpunkt und eine andere Anschauung. So auch im Geistigen. Jeder hält seinen Standpunkt für den richtigen, ohne zu merken, daß man die Sache auch anders ansehen kann. So kommt es zum Streit der Meinungen. Der Gegenstand ist derselbe. So entstehen scheinbare Widersprüche, wo in Wahrheit keine sind. So konnten sich scheinbar gegenteilige Meinungen jahrhundertelang hartnäckig gegenüberstehen. So der scheinbare Widerspruch zwischen Willensfreiheit und Vorausbestimmung, zwischen Religion und Naturwissenschaft, zwischen ursächlicher und zielgerichteter Entwicklung in der belebten Natur, zwischen materieller und geistiger Weltauffassung.

Zweiheit

Ein Gegenstand wird von zwei Augen gesehen, plastisch, vom rechten Auge etwas mehr von rechts, vom andern mehr von links. Beide Augen stellen sich automatisch aufeinander ein, so daß in ihrem Zusammenspiel beide Blickpunkte zusammentreffen und beide Gesichtsfelder sich überdecken. So entsteht im Gehirn *ein* Bild.

Im Zwiegespräch sehen zwei Personen denselben äußeren oder geistigen Gegenstand. Aber jeder etwas anderes, mit anderen Erfahrungen und Gedankenverbindungen, sieht die Sache „mit anderen Augen" an. Das macht es plastisch wie das binokulare Sehen. Das wirkt befruchtend und befreiend. Man spürt das andere Lebensgefühl des Partners und kommt dadurch aus der eigenen Enge heraus. Die beiden aufeinander eingestellten Augen sind wie eine gute Ehe, man stimmt überein *und* ergänzt sich.

Perspektiven

Nahes sehen wir groß, Ferneres kleiner. Man sieht nicht in den wahren Größenverhältnissen. Das Nächstliegende erscheint uns am wichtigsten. Am meisten das, wovon wir selbst betroffen sind: die eigene Krankheit, die Beule im Auto interessiert uns mehr als die schwere Erkrankung eines Fernstehenden oder das Erdbeben im fernen Osten. Am Auge sehen wir warum. Darum verblaßt auch, was in die Ferne der Vergangenheit rückt.

Nachbilder

Sie entstehen als Reaktion der ermüdeten Netzhaut. Schauen Sie mal auf einen hellerleuchteten roten Gegenstand und schließen dann die Augen: es erscheint ein grünes Nachbild. Die Sinnesphysiologie weiß warum. Hier interessiert uns nur, daß Rot und Grün sich als Komplementärfarben ergänzen. Das Pendel schwingt sozusagen von Rot nach Grün. Das Gleichgewicht wird wieder hergestellt. So auch in der Geschichte der Menscheit — Extreme folgen aufeinander. Wir haben das ja alle erlebt. Bei der Atmung wird davon noch die Rede sein.

Projektion

Wer kennt nicht das Gleichnis vom Splitter und vom Balken? Der Splitter im Auge des Nächsten. Was im eigenen Auge ist, wird nicht bewußt. Nicht die Nachbilder, und auch nicht die „fliegenden Mücken" im Glaskörper — sie werden auf die Außenwelt projiziert. Wie wenn der Projektionsapparat ein Bild auf die Leinwand wirft. Wir sind darauf eingerichtet, die Außenwelt zu sehen. Aber das Bild, das wir sehen, ist ja in Wirklichkeit im Innern des Auges und im Gehirn. Das wird uns nicht bewußt. Wie schwer ist es, sich selbst zu erkennen! Wir ahnen, wie wenig die Selbsterkenntnis mit den außerordentlichen Fortschritten der Wissenschaft und Technik schrittgehalten hat. Am Auge sehen wir warum. Die eigenen Mängel und Fehler projizieren wir allzu leicht nach außen. Der andere ist schuld, nie wir selbst. Und der andere macht es ebenso. Jeder wirft dem andern das Gleiche vor. Wie soll es da friedlich bleiben? Wir müssen bei uns selbst anfangen. In der Psychologie nennt man den beschriebenen Vorgang „Projektion". (*Jung*). Ein treffendes Bild! Auch ein Vorurteil ist eine Projektion: man „sieht" durch die Brille vorgefaßter Meinung aufgrund früherer Erfahrung.

19

Hell oder Dunkel?

Setzen Sie sich mal in der Abenddämmerung hin und halten ein Auge zu. Und nach einigen Minuten das andere Auge. Was sehen Sie? Auf einmal erscheint die Landschaft heller. Weil das ausgeruhte Auge sie intensiver wahrnimmt. Wie ist es nun in Wirklichkeit? Welches Auge hat recht? Oder welche Hand, die warme oder kalte? Absolute Empfindungen von Licht oder Wärme sind uns wie wir wissen nicht möglich. Man sieht wie schwer es ist, etwas richtig zu bewerten. In der Physik haben wir unbestechliche Meßgeräte. Aber im Geistigen? Auch da beeindruckt uns Neues stärker. Die Werbung macht davon ausgiebig Gebrauch.

Zusammenfassung

Es ist erstaunlich, was die Besonderheiten der Augen uns alles lehren. Der Blick haftet, die Aufmerksamkeit wählt aus. Die Zukunftserwartung ist geradlinig im Unterschied zur Wirklichkeit. Das Denken schaut geradeaus. Das Bewußtsein ist einspurig. Unsere „Ansichten" sind meistens einseitig. Oder wir „sehen" Widersprüche, wo keine sind. Wir vermengen, was nicht zusammengehört. Die Perspektiven sind falsch, das Nächste erscheint als das Größte und Wichtigste. Projektionen erschweren unser Leben. Nachbilder verfälschen Erinnerungen. Es ist schwer, etwas richtig zu bewerten. Da sehen wir, auf wieviele Sinnestäuschungen wir täglich hereinfallen. Aber wir haben uns so daran gewöhnt, daß wir es nicht merken. Die Augen sagen uns, wie sehr wir unserem eigenen Urteil mißtrauen sollten.

Die Augen bilden mit den zugehörigen Hirnteilen im Tagesbewußtsein eine Einheit. Sie entspricht dem Raum, in dem wir uns bewegen. Aber *Kant* [17, S. 54] sagt: „Der Raum ist nichts anderes, als nur die Form aller Erscheinungen äußerer Sinne, unter der allein uns äußere Erscheinung möglich ist."

Das Ohr

Die Zeit wird als eine Linie erlebt und dargestellt. Man spricht von „kurzer" oder „langer" Zeit. Auch hier herrscht das räumliche Denken des Auges vor. Ist die Zeit aber eine gerade Linie? Seit unvordenklichen Zeiten empfing die Menschheit ihr Zeitmaß von den Bewegungen der Himmelskörper. Aber deren Bahnen verlaufen nicht geradlinig. Der scheinbare Lauf der Sonne, im Sommer hoch, im Winter niedrig, ist eine Spirale. Sie kehrt immer zur selben Stelle zurück, aber zugleich fortschreitend. Unser Leben verläuft rhythmisch und ebenfalls als Spirale, gute und schlechte Zeiten wechseln, aber nie wiederholen sie sich genau. Die Zeit gleicht also mehr einer Spirale als einer Geraden. Haben wir vielleicht auch im Leib eine Spirale? Wir haben sie tatsächlich! Es ist die Schnecke, das Hörorgan im Innenohr. Das Ohr wäre also mehr der Zeit zuzuordnen. Darauf haben schon *Kant* und *Schopenhauer* hingewiesen. Die Zeit wird mehr innerlich erlebt als der Raum. Wir sehen sie nicht. Zudem geschieht Hören passiver als Sehen. Der Schall kommt ungebeten wie das Schicksal. Das Ohr kann nicht auswählen wie das Auge und es gibt auch keinen Punkt deutlichsten Hörens. Seitlich gelegen befinden sich die Ohren in der Randzone des Bewußtseins. Dementsprechend bleiben sie auch nachts offen. Auch leben wir in der Zeit passiver als im Raum. Im Raum können wir uns frei bewegen, in der Zeit nicht, in ihr können wir uns nicht nach Belieben vor und rückwärts bewegen. Die Ohren sind nicht frei beweglich wie die Augen. Die Vergangenheit ist unabänderlich, sie entzieht sich unserem Willen. Die Zukunft ist ,,dunkel'', sie entzieht sich dem bewußten Erkennen. Für gewöhnlich wissen wir nicht, was sie uns bringt. Auch hier sehen wir wieder, wie die körperliche Beschaffenheit Allgemeingültiges ausdrückt bis in alle Einzelheiten.

Kant [17, S. 60] sagt: ,,Die Zeit ist also lediglich eine subjektive Bedingung unserer (menschlichen) Anschauung (welche jederzeit sinnlich ist, d.i. sofern wir von Gegenständen affiziert werden) und an sich, außer dem Subjekte, nichts. Nichts desto weniger ist sie in ,,Ansehung aller Erscheinungen, mithin auch aller Dinge, die uns in der Erfahrung vorkommen können, nothwendigerweise objectiv.''

Über die heutige Philosophie bin ich nicht auf dem Laufenden. Ich weiß also nicht, wie man heute auf maßgebender Seite über Raum und Zeit denkt (abgesehen von der Relativitätstheorie). Die Betrachtung des Körpers legt aber nahe, daß *Kant* recht hatte.

,,In Wirklichkeit sind weder Raum noch Zeit vorhanden, in der sich die Energie bewegen könnte. Sogar der Begriff ,,Bewegung'' ist an unser Auffassungsvermögen von heute gebunden, und dies ist das Ergebnis des Ich-bewußtseins, das mittels der Sinnesorgane funktioniert". [31, S. 71].

Die Orientierung im Raum

Außer der Schnecke, der Zeit-Spirale, ist auch der Raum mit seinen drei Dimensionen im Innenohr vertreten. Es ist das Labyrinth mit seinen drei Bogengängen, die rechtwinklig zueinander angeordnet sind. Es dient der Aufrechterhaltung des Gleichgewichts. Das Labyrinth dient also der Orientierung im Raum und zwar mit Hilfe der im Sacculus (Säckchen) befindlichen Otholiten (Gehörsteinchen), die der Schwere folgend, die Lage des Körpers anzeigen. Sie liegen in der Endolymphe, einer das häutige Labyrinth erfüllenden Flüssigkeit. Nun ist von großer Bedeutung, daß die Endolymphe sowohl die Bogengänge als auch das Gebiet der Schnecke *gemeinsam* erfüllt. So stehen beide, Raum und Zeit vertretend, in direkter Verbindung miteinander. Außerdem kommt von jedem Bogengang und vom Sacculus ein Nervenstrang. Sie vereinigen sich zu einem größeren Strang, der *gemeinsam* mit dem Hörnerven als Nervus akusticus zum Gehirn zieht. Auch entwicklungsgeschichtlich bilden beide Organe eine anatomische Einheit. Das ist kein Zufall und keine Laune der Natur. Deutlicher kann nicht zum Ausdruck kommen, wie Raum und Zeit untrennbar miteinander verbunden sind. Es gibt keinen Raum ohne Zeit und keine Zeit ohne Raum. Die Relativitätstheorie spricht daher von der „Raumzeit". Die Anatomie veranschaulicht es.

Der feste Boden der Wirklichkeit

Unsere wichtigsten Sinnesorgane verändern sich während des Lebens des Erwachsenen praktisch nicht mehr. Auch nicht die entsprechenden

22

Gehirnpartien. „Die Teilungsfähigkeit der Ganglienzellen erlischt an den meisten Stellen des Zentralnervensystems vor der Geburt und auch dort, wo die Differenzierungsvorgänge noch lange weitergehen, wie in der Großhirnrinde, spätestens in den ersten zwei Lebensjahren; es ist wahrscheinlich, daß die Zahl der Zellteilungen für das Nervensystem von vornherein in großen Zügen erblich festliegt und somit begrenzt ist." [13, S. 81]. Es „wächst von der Geburt bis zur Beendigung des Wachstums. . . das Gehirn . . . nur auf das 4-fache, der Augapfel auf das 1 1/2-fache, das Ohrlabyrinth und die Gehörknöchelchen überhaupt nicht mehr; die beiden letzteren sind offenbar dazu bestimmt, als physikalische Apparate das ganze Leben hindurch gleichbleibende Reaktionen zu geben." (S. 59).

Das erst ermöglicht zuverlässige Wahrnehmungen und Erfahrungen auf gleichbleibender Grundlage. So erst haben wir festen Boden unter den Füßen. So erst ist zuverlässige Orientierung in der physischen Welt möglich. So konnten die „ewigen" Naturgesetze erkannt werden. So waren die gewaltigen Leistungen der Technik möglich. Raum und Zeit und alles, was damit zusammenhängt, sind für uns immer die gleichen, da ja bei allen Menschen die im wesentlichen gleichen anatomischen Verhältnisse herrschen. Wir sagen deshalb „der" Raum, „die" Zeit, „das" Fallgesetz, „das" Gesetz von der Erhaltung der Energie, der Trägheit usw. Wir stellen etwas „fest", aus dem heraus, was *in uns* fest und unveränderlich ist. „Im Gebiet des Schädels. . . kommt direkte Knochenbildung . . . vor . . ." (S. 183). Zur „Grundlage des Schädels" kommen „die ohne Knorpel-Vorstufe gebildeten Deck- oder Belegknochen" hinzu (S. 191).

Wahrnehmen und Handeln

Bis jetzt haben wir nur die Wahrnehmungsseite des Bewußtseins berücksichtigt. Holen wir jetzt die Tatseite nach. Wahrnehmung und Wille ergänzen sich. Wie die Wahrnehmungen einwärts verlaufen (sensible und sensorische Nerven zentripetal), so drängt die Tat zur Entfaltung (motorische Nerven zentrifugal).

Wie das Auge, so herrscht auch die Hand im Bewußtsein vor. Wie der Blickpunkt dem Ich entspricht, so auch der Gebrauch der Hände.

Wahrnehmung und Handlung verhalten sich wie Form und Kraft. Was in der inneren Anschauung als Form erlebt wurde, wird nun als Tat „ausgeführt".

Die große Rolle der willkürlichen Muskulatur in Bewegungen, „Hand"-lungen und Haltungen kommt in der Sprache zum Ausdruck. Man ist „entsetzt", es hat einem einen „Stoß" gegeben, man kommt „aus dem Gleichgewicht", es „geht" mit einem durch, es „fällt schwer" oder man fühlt sich „erleichtert", „gehobener" Stimmung oder „niedergedrückt" oder „niedergeschlagen", man läßt „den Kopf hängen" oder „trägt ihn hoch". Wir „verstehen", „fassen", „begreifen".

Der Wille

Wie die Augen, so ist auch der Wille in den Gliedmaßen nach vorn gerichtet. Auch beruflich und wirtschaftlich strebt man „vorwärts". Während die Anschauung als Erinnerung in die Vergangenheit blickt (Einkehr), so strebt der Wille in die Zukunft (Entfaltung). Während ich den Arm beuge, spannt sich zugleich, wenn auch unbewußt, der Antagonist, der Gegenspieler, der Triceps etwas an, um das Maß der Kraft regulieren zu können. Im seelischen Bereich heißt das: ich will etwas, aber zugleich sind entgegengesetzte Gedanken da, Gedanken an Schwierigkeiten oder Mißlingen. Sind sie zu stark, wirken sie hemmend. Viele Menschen sind verkrampft und kämpfen gegen Schwierigkeiten, die nicht da sind. Sie vergeuden ihre Nervenkräfte und haben nur halben Erfolg. Wünsche, an denen wir zu sehr festhalten, können Enttäuschungen bringen. Fast immer entspricht ihnen eine unbewußte Gegenvorstellung, es könnte mißlingen, was wir wollen. Prüfen Sie sich mal selbst. Zu einseitige Zielsetzungen enthalten oft den Keim des Mißerfolgs. Das Beispiel vom Arm veranschaulicht das.

Werte und Haltungen

Im All gibt es kein Oben und Unten. Nur bei uns auf der Erde. Die Astronauten können uns über die Schwerelosigkeit mehr berichten.

Hier bei uns herrscht die Schwerkraft. So unentbehrlich sie einerseits ist, muß sie andererseits überwunden werden. Höhe wird mit Anstrengung erreicht. Was mit Mühe erkämpft wurde, steht darum „hoch" im Wert. Man glaubt eine „hohe" Stufe erreicht zu haben. Wir kennen „niedere" und „höhere" Tiere. Denn die Entwicklung ging „aufwärts", so meinen wir. Damit sind unwillkürliche Werturteile verbunden. Wir sprechen von einem kulturellen „Tiefstand", einem „niedrigen Niveau", einer „hohen" Entwicklungsstufe, von „tiefer" Schuldverstrickung oder „hoher" Ehre, es geht „bergab" oder „bergauf".

Auch das Licht kommt von oben, das „Licht" des Bewußtseins, die „Erleuchtung" der Erkenntnis. So neigen wir dazu, Kopf und Bewußtsein am „höchsten" einzuschätzen, das obere wird höher bewertet als das untere. So auch die menschliche aufrechte Haltung und die „Aufrechterhaltung" normaler Zustände. Sie kostet Mühe.

Ursache und Wirkung

Im Gebrauch der Muskulatur erleben wir Kraft. Sie liegt in der Empfindung körperlicher Anstrengung. Gesehen hat noch niemand eine Kraft. Nur ihre Wirkungen. Unser Wollen ist die Ursache. Ursache und Wirkung liegen in uns als Erleben. Haben wir vielleicht von hier aus die Kausalität auf die Umwelt übertragen? Natürlich besteht sie für uns auch objektiv wie Raum und Zeit. Sie sind aber in der Funktionsweise unseres Gehirns und der zugehörigen Wahrnehmung und Motorik vorgegeben. *Schopenhauer* sagt: „Im Begriffe eines Willens aber ist der Begriff der Kausalität schon enthalten", er ist aber „lügenhaft und betrügerisch", er ist „allein im Verstand". *Kant* [18, S. 238] sagt: „Genau zu reden hat also die Organisation der Natur nichts analogisches mit irgendeiner Kausalität, die wir kennen." Der Zerfall der radioaktiven Substanzen hat gezeigt, daß auch im Anorganischen einer kausalen Erklärungsweise Grenzen gesetzt sind. Im subatomaren Bereich ist nichts mehr vorherbestimmbar.

Außerdem vermittelt uns das Muskelgefühl das Empfinden der Willensfreiheit und der Verantwortung. So erzeugte die ursächlich erlebte Welt mit dem Organismus zahlreiche Kinder. Sie heißen Schuld oder Ehre, Reue oder Befriedigung, Sorge oder Vorfreude, Furcht oder

Hoffnung, und ihre Sprache lautet „sollte, könnte, müßte, dürfte, hätte". Wenn die Menschen sich wenigstens auf ihren eigenen Verantwortungsbereich beschränken würden, statt sich um Dinge zu sorgen, auf die sie keinen Einfluß haben! Denn unser Wille und unser Vermögen sind eng begrenzt: jenseits davon liegt — leiblich gesprochen — das ganze große Gebiet der inneren körperlichen Lebensvorgänge, auf die wir keinen direkten Einfluß haben.

Was ist nun richtig? Kommt alles wie es kommen muß oder können wir entscheiden, wählen, beeinflussen, was kommt, tun, was wir wollen? Die Wahrheit liegt in der Mitte. Wenn wir unserem Leib glauben dürfen, ist beides richtig, beides hält er für uns bereit, die freie Wahl verantwortlicher Entscheidung im Bild der willkürlichen quergestreiften Muskulatur und auch das teils unbeeinflußbare Schicksal entsprechend der unwillkürlichen Tätigkeit der Organe mit „glatter" Muskulatur.

Das Bewußtsein des Erwachsenen als Einheit

Beim Sehakt entsteht bekanntlich auf der Netzhaut wie im Fotoapparat ein umgekehrtes Bild. Links und rechts, oben und unten sind vertauscht. Wir sehen aber aufrecht und seitenrichtig. Das wird erreicht durch die (teilweise) Kreuzung der zum Gehirn führenden Sehnervenbahnen. Die rechte Seite des Netzhautbildes wird also zur linken Hirnhälfte geleitet (zum hinten gelegenen Sehzentrum) und umgekehrt. Da das System der Sinneswahrnehmungen und der willkürlichen Bewegungen eine Einheit ist, machen die übrigen sensorischen und auch die motorischen Nervenbahnen diese Kreuzung unter der Vorherrschaft der Augen mit. So entspricht die rechte Körperhälfte der linken Hirnhälfte und umgekehrt. Ein Schlaganfall ruft uns das leidvoll in Erinnerung: rechtsseitige Lähmung weist auf eine Störung im linken Gehirn und umgekehrt.

Beim Rechtshänder ist die rechte Hand Ausdruck des Wollens und „Handelns". Sie ist in der linken Hirnhälfte vertreten. Darum liegen auch die Hirnzentren von Sprache und Schrift links.

So ist körperlich rechts die Seite des Verstandes, links die des Herzens. Sie sollten im Gleichgewicht sein. Die rechte Seite kommt auch im Sprachgebrauch zum Ausdruck. Er bezeichnet das Erwünschte als „recht" oder „richtig". Das Wort kommt von rectus, gerade. Auch das zeigt wieder die geradlinig eingestellte, den Augen und dem geraden Lichtstrahl entsprechende Denkweise des Bewußtseins und die Bevorzugung der rechten Seite und der rechten Hand. Die Tatseite weist außerdem auf die Zukunft: der scheinbare Weg der Sonne verläuft bei uns von links nach rechts, ebenso unsere Schrift.

Die Anthroposophie weist darauf hin, daß die wichtigsten Sinnesorgane sich im Kopf befinden und zur möglichst unveränderten Aufnahme von Eindrücken einen „kühlen" Kopf und Ruhe brauchen. Das Gehirn ist durch eine Flüssigkeit (Liquor) weitgehend gegen Erschütterungen gesichert. Alles bleibt möglichst unverändert; die Hirn- und Nervenzellen teilen sich während des ganzen Lebens nicht mehr und im Auge sind Linse und Glaskörper nicht durchblutet. All das entspricht dem Wesen der „ewigen" Naturgesetze, die für uns ebenfalls unveränderlich sind. Raum, Zeit, Materie und Energie sind nicht voneinander zu trennen und sind vertreten durch Augen, Gehör, Labyrinth und Motorik.

Die dazu gehörige Hirnrinde ist eine späte Erwerbung und überlagert die anderen Hirnteile. Die Entwicklung im Verlauf der Tierreihe ging von innen nach außen: im Hirnstamm sind die Lebensrhythmen vertreten, im limbischen System die Gefühle, die Hirnrinde steuert unser bewußtes Dasein. Unser Bewußtsein ist also oberflächenorientiert und auf die Außenwelt gerichtet. Bei der Geburt ist die Hirnrinde noch weitgehend untätig. Das uns geläufige Erleben von Raum und Zeit kann also nicht das ursprüngliche gewesen sein.

Das Unbewußte

Jetzt kommt der entscheidende Schritt, von dem alles weitere abhängt. Lesen Sie jedes Wort genau.

Wir wissen, daß die sinnfällige Welt, die Welt wie wir sie bewußt erleben im Raum, in der Zeit und Kausalität, in unseren Sinnesorganen, der Muskulatur, und den motorischen Nerven und in den entsprechenden Regionen unserer Hirnrinde vertreten ist. Die Art wie wir die materielle Außenwelt erleben, hängt von unserem Gehirn ab. Der raum-zeitlich-motorisch orientierten Besonderheit unserer Hirnrinde entspricht die von uns bewußt erlebte Welt.

Sie ist aber nicht die ganze Wirklichkeit. Die Hirnrinde ist ja nicht das ganze Gehirn. Sie ist nur ein kleiner Teil davon. Was ist aber das große Übrige? Es ist das Unbewußte. Es liegt jenseits des Bewußtseins. Was entspricht aber objektiv diesem "Jenseits der Hirnrinde" ? Was ist da noch ? Was ist jenseits der bewußten raum-zeitlichen Welt ? Ist es vielleicht die geistige Welt Rudolf Steiners ? Wie sieht es da aus? Wir werden sehen, daß wir die besonderen Eigenschaften dieses Jenseits vom lebendigen Leib ablesen können. Es liegt wie ein offenes Buch vor uns. Wenn wir ihn sozusagen von innen her betrachten, mit dem geistigen Auge. Denn alles lebendige lebt größtenteils im Jenseits.

Von außen her, mit chemisch-physikalischen Maßstäben hat die Forschung ja schon Erstaunliches zutage gefördert. Aber diese Maßstäbe reichen nicht aus, ergründen nicht alles. Es wird sich zeigen, daß noch ein anderer Weg gefunden werden kann, zu verstehen, was sich seelisch und leiblich jenseits von Raum und Zeit abspielt.

Die Religionen aller Völker ahnten immer schon, daß es ein Jenseits gibt. Nicht erst nach dem Tode. Im Buch des Lebens können wir Genaueres darüber lesen.

Die andere Seite

Das Auge hat eine bewußte und eine unbewußte Seite . Vorn ist das Gesichtsfeld. In seiner Mitte liegt der Blickpunkt , die Bewußtseinsmitte . Im Umkreis wird das Gesichtsfeld zunehmend schwächer. Die Randzone der Netzhaut ist sogar schon farbenblind . Ebenso das Bewußtsein. Man spricht von einer Randzone auch des Bewußtseins. Was sich hinter uns befindet, sehen wir nicht. Wie die Erde eine Nachtseite hat, so auch das Auge und der Kopf. Aber die Erde dreht sich, und auch wir drehen uns, wenn wir sehen wollen, was hinten ist. Dann erkennen wir, was wir noch nicht oder nicht mehr wußten. Das entspricht dem persönlichen Unbewußten. Im Unterschied zur unbewußten Tiefenschicht ist es bewußtseinsfähig, seine Inhalte können wieder bewußt werden. Es enthält vergessene oder verdrängte persönliche Erlebnisse. Sie können wieder auftauchen. Nachts werden die Sterne sichtbar.

Eine andere Welt

Aber ins Innere des Leibes können wir (ohne Hilfsmittel) nicht sehen. So, wie wir ja auch nicht direkt ins Innere der Erde sehen können und auch nicht ohne weiteres ins tiefste Innere der Seele. Das ist das allen Menschen gemeinsame „kollektive Unbewußte" (*Jung*), vom dem später noch die Rede sein soll. Auch die leibliche Struktur ist ja bei allen Menschen im wesentlichen die gleiche. Hier gibt uns die Betrachtung des Leibes das rechte Maß. Dem kleinen Ich steht das riesige Reich des Unbewußten gegenüber. Hier ist das Unvorstellbare und Unfaßbare. Es ist nicht von dieser Welt. Es kommt aus dem Urgrund des Lebens. Es ist größtenteils nicht bewußtseinsfähig, ähnlich wie das Auge keinen Schall und das Ohr kein Licht wahrnehmen kann. Hier kommen wir in ein anderes Land. Hier herrschen andere Gesetze, eine andere Sprache, hier gilt eine andere Währung, eine andere Erlebensweise, die sich wesentlich von der des Bewußtseins unterscheidet. Bisherige Maßstäbe sind hier nicht mehr zu gebrauchen. Erst wenn wir das berücksichtigen, sind wir für die Reise in die Tiefsee ausgerüstet.

Aber gibt es denn einen Weg zum Unbewußten? Wer liegt da näher als Altmeister *Freud*! Er sagt, der Traum ist die *via regia*, die königliche Straße zum Unbewußten. Vielleicht können wir so auch die Geheimnisse des Leibes entziffern.

Was ist ein Traum?

Ein Traum ist keine Wunschphantasie — der Sprachgebrauch ist falsch — sondern ein unabhängiges unbewußtes Naturprodukt. Wenn unbewußtes Geschehen und Erleben an die Oberfläche kommt in die Randzone des Bewußtseins, dann wird es durch die Brille des Bewußtseins gesehen. Das ist der erinnerte Traum. Das Bewußtsein wirkt wie ein Sieb. Das Unfaßbare wird vergessen. Darum erscheint der Traum unsinnig und verworren wie die Fetzen einer unbekannten Sprache. Der Traum ist wie ein Röntgenbild der Seele, aber entstellt und wie auf eine Fläche projiziert und erst auf dem Fluoreszenzschirm sichtbar. *Freud* sagt (S. 34): „Diese (Traumbilder) weichen vor den Eindrücken des jungen Tages wie der Glanz der Gestirne vor dem Lichte der Sonne." Und weiter: „. . . daß die andere Anordnung des Vorstellungsmaterials im Traume diesen sozusagen unübersetzbar fürs Wachbewußtsein macht." Und weiter unten als Anmerkung (S. 85): „Jeder Traum hat mindestens eine Stelle, an welcher er unergründlich ist, gleichsam einem Nabel, durch den er mit dem Unerkannten zusammenhängt."

Der Blickpunkt kann aus der Vielheit der Dinge immer nur einen Punkt herausgreifen. So können wir auch aus einem Traum, abgesehen davon, daß das meiste von ihm sowieso schon vergessen ist, nur wenige Punkte herausgreifen und diese nur nacheinander betrachten, obwohl sie zugleich vorhanden und eng miteinander verflochten sind. In Wahrheit besteht immer vielerlei zugleich in *einem* Bild. Das Auge kann immer nur auswählen. Die Traumsymbole verstehen wir erst indirekt im Licht der zugehörigen Bewußtseinsinhalte: durch Vergleich der Traumelemente mit den entsprechenden Einfällen.

Analyse eines Traumes

Anhand eines Beispiels soll das jetzt veranschaulicht werden. Keine Traumanalyse im psychologischen Sinn. Keine Traumdeutung als Wunscherfüllung oder dergleichen. Kein Aufzeigen verdrängter Aggressionen oder Triebtendenzen. Keine Aufdeckung von Konflikten. Kein Aufsuchen urtümlicher Bilder aus dem kollektiven Unbewußten. Sondern der folgende Traum soll nur rein formal untersucht werden auf seine inneren Gesetzmäßigkeiten. Und hier wollen wir uns auf das

Wesentliche beschränken. Wir werden dann später sehen, ob diese Gesetzmäßigkeiten auch anderswo zu finden sind.

Es handelt sich um einen von *Freud* als „Analyse eines Traummusters" (S. 81) mitgeteilten Traum von *Freud* selbst. Er lautet so: „Eine große Halle — viele Gäste, die wir empfangen. Unter ihnen *Irma*, die ich sofort beiseite nehme, um gleichsam ihren Brief zu beantworten, ihr Vorwürfe zu machen, daß sie die „Lösung" noch nicht akzeptiert. Ich sage ihr: Wenn du noch Schmerzen hast, so ist es wirklich nur deine Schuld. — Sie antwortet: Wenn du wüßtest, was ich für Schmerzen jetzt habe im Halse, Magen und Leib, es schnürt mich zusammen. — Ich erschrecke und sehe sie an. Sie sieht bleich und gedunsen aus; ich denke, am Ende übersehe ich doch etwas Organisches. Ich nehme sie zum Fenster und schaue ihr in den Hals. Dabei zeigt sie etwas Sträuben, wie die Frauen, die ein künstliches Gebiß tragen. Ich denke mir, sie hat es doch nicht nötig. — Der Mund geht dann auch gut auf und ich finde rechts einen großen weißen Fleck und anderwärts sehe ich an merkwürdigen krausen Gebilden, die offenbar den Nasenmuscheln nachgebildet sind, ausgedehnte weißgraue Schorfe. — Ich rufe schnell *Dr. M.* hinzu, der die Untersuchung wiederholt und bestätigt. . . *Dr. M.* sieht ganz anders aus als sonst; er ist sehr bleich, hinkt, ist am Kinn bartlos . . . Mein Freund *Otto* steht jetzt auch neben ihr und Freund *Leopold* perkutiert sie über dem Leibchen und sagt: Sie hat eine Dämpfung links unten, weist auch auf eine infiltrierte Hautpartie an der linken Schulter hin (was ich trotz des Kleides wie er spüre) . . . *M.* sagt: kein Zweifel, es ist eine Infektion, aber es macht nichts; es wird noch Dysenterie hinzukommen und das Gift sich ausscheiden. . . Wir wissen auch unmittelbar, woher die Infektion rührt. Freund *Otto* hat ihr unlängst, als sie sich unwohl fühlte, eine Injektion gegeben mit einem Propylpräparat, Propylen. . . Propionsäure . . . Trimethylamin . . . Man macht solche Injektionen nicht so leichtfertig . . . Wahrscheinlich war auch die Spritze nicht rein."

Soweit der Traum. Wahrscheinlich hatte *Freud* ein schlechtes Gewissen, weil er als Psychiater gewohnt war, nur die psychische Seite einer Erkrankung zu sehen. Dabei kann eine organische Krankheit übersehen werden. Dieser Gedanke war von ihm nicht zu Ende gedacht worden. Der Traum holte es nach.

Wir wollen nun aber diesen Traum nicht „deuten", sondern ihn nur hinsichtlich seines Aufbaues genauer betrachten. Zunächst fällt auf, daß jeweils *ein* Gedanke in *mehreren* Traumelementen vorkommt. Der Gedanke an Krankheit findet sich in

1. *Irmas* Schmerzen,
2. dem Zustand des *Dr. M.,*
3. *Irmas* Infektion,
4. der Vermutung einer „Dysenterie",
5. der Erwähnung eines tuberkulösen Infiltrates.

Die Idee der Schuld findet sich in

1. dem Vorwurf an *Irma*;
2. *Freud* fürchtet etwas übersehen zu haben;
3. er zieht *Dr. M.* hinzu.
4. „Man macht solche Injektionen nicht so leichtfertig."
5. „Wahrscheinlich war auch die Spritze nicht rein."

Es treten 4 Ärzte in Erscheinung:

1. *Freud* selbst,
2. *Dr. M.,*
3. Freund *Otto*
4. Freund *Leopold*.

Wir finden also, daß jeweils *ein* Gedanke auf *mehrere* Traumstellen *verteilt* ist.

Freud analysiert dann den Traum durch Vergleich der Traumelemente mit den zugehörigen Bewußtseinsinhalten (Erinnerungen, Einfällen, Assoziationen), aus denen sie entstanden sind. Dabei stellt sich folgendes heraus: ein Gedanke erscheint im Traum *in anderem Zusammenhang* als im Wachleben, er ist sozusagen *verschoben*.

1. So war *Irma* in Wirklichkeit nicht „bleich und gedunsen", sondern eine andere Person.

2. Der Versuch im Traum, das Gebiß zu verbergen, bezieht sich wieder auf eine andere Person.

3. An Diphtherie war in Wirklichkeit nicht *Irma* erkrankt, sondern eine Freundin von ihr.

4. Die Injektion hatte nicht *Irma* erhalten, sondern wieder eine andere Person.

Die Assoziationen, die *Freud* zu diesem Traum bringt, umfassen 8 Seiten. Sie sollen deshalb hier nicht wörtlich wiedergegeben werden. Es ergibt sich jedenfalls (S. 212): „Nicht nur die Elemente des Traumes sind durch die Traumgedanken (= Gedanken des Wachlebens) mehrfach determiniert, sondern die einzelnen Traumgedanken sind auch im Traume durch mehrere Elemente vertreten. Von einem Element des Traumes führt der Assoziationsweg zu mehreren Traumgedanken; von einem Traumgedanken zu mehreren Traumelementen."

So ergibt sich beim Studium der Assoziationen (S. 83-88), daß in „*Irma*" 8 Personen vertreten sind:

1. Die Person, die „bleich und gedunsen" ist,
2. eine Gouvernante mit einem Gebiß,
3. *Freuds* Frau (Sträuben beim Mundöffnen),
4. eine in ihrem Wesen selbständige Freundin,
5. die an Diphtherie erkrankte älteste Tochter von *Freud*,
6. ein Kind aus einem „Kinderkrankeninstitut",
7. eine tuberkulöse Patientin („Infiltrat"),
8. ein Freund von *Freud* mit Kokain vergiftet.

Freud nennt das „*Verdichtung*" (Kap. VI a „Die Verdichtungsarbeit"). Er sagt (S. 212): „Welchen Traum auch immer ich einer ähnlichen Zergliederung unterziehe, ich finde stets die nämlichen Grundsätze bestätigt, daß die Traumelemente aus der ganzen Masse der Traumgedanken gebildet werden, und daß jedes von ihnen in Bezug auf die Traumgedanken mehrfach determiniert erscheint." Mythologische Beispiele von Verdichtung sind der Zentaur, die Sphinx und die Wasserfrau. Als Verdichtung kann auch aufgefaßt werden, daß ein Traum in sehr kurzer Zeit erlebt wird.

Folgender Traum weist darauf hin, welch unheilvolle Rolle die *Verschiebung* im täglichen Leben spielen kann. [10, S. 48]: „Die Patientin träumte, daß sie einen ganz gewöhnlichen schwarzgepunkteten Frauenschleier sah, der über ein Knie gezogen war. Sie erwachte mit dem Gefühl unbeschreiblichen Grauens und Abscheus vor dem Schleier." Aber warum denn das?! Die Verfasserin fährt fort: „Die erste Serie der Erinnerungen betraf die Beine ihrer Mutter, an denen sie (als Kind) Gummistrümpfe gesehen hatte, und ihre (damalige) schreckliche Furcht, diese angeschwollenen Beine könnten bersten." Hier war also das Grauen von den Beinen auf den Schleier verschoben. Man schlägt auf den Sack und meint den Esel. Hier zu Unrecht. Die (unbewußte) Erinnerung an die kranken Beine der Mutter belastete die Vorstellung vom Schleier als

Bedeckung von etwas. Sie sah also im Geist den Schleier mit den Augen eines Vorurteils. So auch sonst sehr oft. Unbewußte Hintergedanken verfälschen und vergiften unsere Wahrnehmungen. Auch unsere Beziehungen zu den Mitmenschen. Die Psychologie nennt das Projektion. Beim Auge war davon schon die Rede. Wir projizieren schlechte Erfahrungen auf die Gegenwart. Das ist eine Wirkung der *Verschiebung*. So kommt es zu Verallgemeinerungen und Pauschalurteilen. Sie hindern uns, die Wirklichkeit so zu sehen, wie sie ist. Auch eigene Fehler werden nicht gesehen, sondern auf die Mitwelt projiziert. Man braucht bei dem, was zwei Parteien sich gegenseitig vorwerfen, nur die Namen zu vertauschen, alles andere stimmt.

Fassen wir zusammen.

1. *Ein* Gedanke findet sich in *mehreren* Traumelementen = *Verteilung*.

2. Ein Gedanke erscheint im Traum in einem *anderen* Zusammenhang = *Verschiebung*.

3. *Mehrere* Gedanken sind in *einem* Traumelement vereinigt = *Verdichtung*.

Die charakteristischen Eigenschaften der *Verteilung, Verschiebung* und *Verdichtung* finden sich immer wieder. Sie sind aber auch sonst sehr verbreitet, nicht nur in den Träumen. Aber das ist noch nicht alles.

Umkehrung

Von einem Gedanken erscheint im Traum das *Gegenteil*. Hierzu ein weiteres Traumbeispiel. Am Tag zuvor machte der Träumer *P.* mit einem Kollegen *St.* einen Ausflug in die Umgebung von Paris. Am Nachmittag wanderten sie durch den Wald und *P.* bewunderte die Schönheit der Landschaft. Nachher beim Abendessen sprachen sie über Naturheilkunde, die aber von *St.* nicht ernst genommen wurde. Nach dem Abendessen rannten sie zum Bahnhof, *P.* drängte zur Eile, aber *St.* blieb ruhig. Sie versäumten den Zug und mußten übernachten, natürlich ohne Wasch- und Rasierzeug. *P.* beruhigte sich. Beim Schlafengehen sah *P.* in seinem Zimmer eine Tiergruppe aus weißem Marmor.

In der Nacht träumte *P.*: „*St.* sagt, wir müssen uns eilen, sonst kriegen wir den Zug nicht mehr. Ich war dabei, mich fertigzumachen, zuerst in Ruhe, denn ich nahm das nicht ernst. Aber auf einmal wird mir klar, daß es ernst ist und raffe meine Sachen zusammen und auch die Teile meines Rasierapparates. Ich hatte ihn auf die schwarze Marmorplatte des Waschtisches geworfen, nun ist er in mehrere Teile zerbrochen.''

Hier sehen wir im Traum mehrfach das *Gegenteil* von Erlebnissen des Vortages:

Vortag	Traumstück
1. *St.* nimmt *nicht* ernst	*St. wird* nicht ernstgenommen
(Naturheilkunde)	(als er zur Eile drängte)
2. *P.* treibt zur Eile	*P. wird* zur Eile getrieben
3. *P.* ist erst *unruhig* dann ruhig	*P.* ist erst *ruhig*, dann unruhig
4. *P.* hat *kein* Rasierzeug dabei	*P. hat* Rasierzeug dabei
5. Im Schlafzimmer ist eine *weiße* Marmorgruppe	Im Schlafzimmer ist eine *schwarze* Marmorplatte
6. Der Rasierapparat (zuhause) ist *intakt*	Der Rasierapparat ist *zerbrochen*

Hier sehen wir in allen Punkten das Gegenteil von dem, was am Tag zuvor erlebt wurde, aber jeweils in einem andern Zusammenhang (*Verschiebung*). Wenn man auf eine helle rote Fläche sieht und schließt dann die Augen, erscheint ein grünes Nachbild (s.o.S.19). Ein Traum ist wie ein Nachbild, er kompensiert und gleicht Einseitigkeiten des Bewußtseins aus. Er ist sozusagen die Rückseite, der Gegenpol. Die Psychologie sagt, der Traum hat eine kompensatorische, eine vervollständigende, eine Reglerfunktion. Das ist vergleichbar den Regelkreisen im Körper. Sie funktionieren wie ein Heizungsthermostat. Wenn es zu warm wird, schaltet er ab, sinkt die Temperatur unter das Gewünschte, schaltet er wieder ein.

Der Traum und die Einfälle dazu offenbaren die unbewußten Hintergedanken und Erinnerungen, oft auch Vorurteile, die bei dem, was erlebt oder getan wurde, mitgespielt haben, d.h. die Gegenwart durch die Vergangenheit verfälscht wird. Zugleich ergänzen diese unbewußten Hintergedanken Fehlendes, sie sind ausgleichend. Die Nebengedanken geben die Färbung wie die Obertöne in der Musik.

Hinsichtlich der Umkehrung sagt *Freud* (S. 243): ,,Die Umkehrung, Verwandlung ins Gegenteil, ist übrigens eines der beliebtesten, der vielseitigsten Verwendung fähige Darstellungsmittel der Traumarbeit.''

Und weiter (S. 244): „Neben der inhaltlichen Umkehrung ist die zeitliche nicht zu übersehen. Eine häufige Technik der Traumentstellung besteht darin, den Ausgang der Begebenheit oder den Schluß des Gedankenganges zu Eingang des Traumes darzustellen und am Ende desselben die Voraussetzungen des Schlusses oder die Ursachen des Geschehens nachzutragen."

Hier wird auch deutlich, wie das Traumerleben von der Zeit weitgehend unabhängig ist, es spielt sich großenteils jenseits der Zeit ab. Jeder hat auch schon mal erlebt, wie ein Außenreiz, ein Knall oder dergleichen, nachträglich in einen Traumzusammenhang zwanglos eingebaut wird. Auch das zeigt, daß die Zeit hier außer Kraft gesetzt ist.

Eine besondere Form der Umkehrung und zugleich der Verdichtung ist die

Doppelwertigkeit

Hier liegen die Gegensätze nicht einander gegenüber, sondern dicht beieinander oder sogar miteinander vereinigt. In einem Traumelement ist dann ein Gedanke *und* sein Gegenteil enthalten. Einen eindrucksvollen Traum aus dem „kollektiven Unbewußten" mit Umkehrung und Doppelwertigkeit bringt *C.G. Jung* [16, 106]: Ein Patient ist in diesem Traum „der Schüler des ‚weißen Magiers', der aber schwarz gekleidet war. Dieser belehrt ihn bis zu einem gewissen Punkt, wo er sagte, hier bedürften sie nun des ‚schwarzen Magiers'. Der schwarze Magier erschien, war aber weiß gekleidet. Er behauptete, die Schlüssel des Paradieses gefunden zu haben, bedürfe aber der Weisheit des weißen Magiers, um zu erfahren, was er mit dem Schlüssel anfangen könne".

Freud erwähnt (S. 237 Anmerkung), „. . . daß die ältesten Sprachen sich . . . ganz ähnlich benehmen wie der Traum. Sie haben anfänglich nur *ein* Wort für die beiden Gegensätze an den Enden einer Qualitäten- oder Tätigkeitsreihe (starkschwach, altjung, fernnah, binden-trennen). . ."

Was ist ein Symbol?

Ein Symbol ist kein bloßes Zeichen. Ein Symbol ist sinnfälliger Ausdruck von etwas Vieldeutigem, das nicht unmittelbar erkannt werden kann. Es ist ein Bild, das sich das raumzeitgebundene Bewußtsein von etwas Unfaßbarem macht. Es ist eine Brücke zum „Jenseits", zum Unbewußten. Es ist das Unvorstellbare mit dem Auge des Bewußtseins gesehen. Bei Brockhaus (Encyclopädie, Bd 18, S. 380/81) heißt es: „grch. Symballein = Zusammenwerfen, das aus 2 Bruchstücken zusammengefügte, begrifflich nicht auszuschöpfen. Vielerlei Zeichen können einen Inhalt ausdrücken, verschiedene Inhalte mit einem Zeichen verbunden werden".

Am schönsten hat der Basler Mythenforscher *J.J. Bachofen* vom Wesen des Symbols . . . geschrieben: „Das Symbol erweckt Ahnung, die Sprache kann nur erklären. Das Symbol schlägt alle Saiten des menschlichen Geistes zugleich an; die Sprache ist genötigt, sich immer nur einem einzigen Gedanken hinzugeben. Bis in die geheimsten Tiefen der Seele treibt das Symbol Wurzeln, die Sprache berührt wie ein leiser Windhauch die Oberfläche des Verständnisses. Jenes ist nach innen, diese nach außen gerichtet. Nur dem Symbol gelingt es, das Verschiedenste zu einem einheitlichen Gesamteindruck zu verbinden; die Sprache reiht Einzelnes aneinander und bringt immer nur stückweise zum Bewußtsein, was, um allgemein zu ergreifen, notwendig mit einem Blick der Seele vorgeführt werden muß. Worte machen das Unendliche endlich. Symbole entführen den Geist über die Grenzen der endlichen, werdenden, in das Reich der unendlichen, seienden Welt." (*Aeppli* S. 42).

C.G. Jung (Typen S. 675) definiert: „Das Symbol (ist) . . . die bestmögliche Bezeichnung für einen relativ unbekannten . . . Tatbestand . . ." Es bildet (S. 682) . . . „einen mittleren Grund, auf dem sich die Gegensätze vereinigen können". — Wahrhaft komplizierte Erklärungen! Wir können es einfacher sagen: Einem Symbol eignet *Verteilung* (ein Gedanke oder Tatbestand in mehreren Elementen), *Verschiebung* (ein Gedanke oder Tatbestand in anderem Zusammenhang), *Verdichtung* (mehrere Gedanken oder Tatbestände in einem Element vereinigt), *Umkehrung* (ein Gedanke oder Tatbestand steht seinem Gegenteil gegenüber) und *Doppelwertigkeit* (ein Gedanke oder Tatbestand erscheint mit seinem Gegenteil vereinigt). Wo wir *Verteilung, Verschiebung, Verdichtung, Umkehrung* und *Doppelwertigkeit* finden, das wollen wir symbolisch nennen. Die Träume sind symbolisch. Es wird sich zeigen, daß auch der lebendige Leib ein Symbol ist und warum das so ist.

Wie entstehen die Symboleigenschaften?

Warum sind aber die Träume so eigenartig? Warum erscheinen sie so verworren und unlogisch? Wie kommt es zu den Eigenschaften der *Verteilung, Verschiebung, Verdichtung, Umkehrung* und *Doppelwertigkeit?* Will das Unbewußte nur etwas verhüllen oder entstellen? Handelt es sich nur um eine „Traumarbeit", wie *Freud* sagt? Oder hat das vielleicht einen tieferen Sinn? Man könnte auch fragen: warum erscheinen vom Standpunkt des irdischen Betrachters die Bewegungen der Planeten so unregelmäßig und kompliziert? Bezieht er sie aber auf die Sonne, auf die Mitte, so erscheinen sie dem kopernikanischen Betrachter mit einem Mal einfach und verständlich. Betrachten wir auch die Äußerungen des Unbewußten nicht allein vom Bewußtsein her, sondern kopernikanisch, von der Mitte aus, dann können wir hoffen, auch sie besser zu verstehen. Auch *Freud* spricht schon von einer kopernikanischen Sichtweise. Wo ist nun aber eine solche Mitte?

Bei *Aeppli* (S. 240) heißt es: „Das Ei ist . . . zum Gleichnis der Welt geworden. Vom großen Weltei sprechen die Mythologen. Auch dieses wird einmal ein gewaltiges Neues aus sich entlassen."

Auch das Individuum entwickelt sich bekanntlich aus einer befruchteten Eizelle. Wie aus einer Mitte entfaltet sich das ganze spätere Leben. Hier ist der schöpferische Urgrund, aus dem sich alles nach allen Richtungen entfaltet. Urtümliches Wissen, lebendige Bilder des kollektiven Unbewußten, spiegeln geistige Gesetze und zugleich biologische Vorgänge wider. Die Entfaltung aus der Mitte erfolgt wie die Strahlung der Sonne nach allen Seiten. Dabei stehen sich jeweils zwei entgegengesetzte Richtungen gegenüber, wenn man es so sehen will. Das wäre dann die erste Entstehung der Gegensatzpaare im individuellen Leben. Es kommt zur Symmetrie. Die Richtungen rechts und links verhalten sich umgekehrt zueinander und ergänzen sich (Umkehrung). Jede von ihnen ist aber nur möglich durch Verbindung mit den beiden anderen räumlichen Dimensionen (mit den Augen des Bewußtseins gesehen), also durch *Verschiebung.*

Lassen Sie mich die Verschiebung an einem alltäglichen Beispiel verdeutlichen. Jemand leiht sich einen Geldbetrag. Er hat nun etwas (plus). Zugleich hat der Schulden (minus). Wenn er das Geld nicht braucht, gibt er es zurück. Plus und Minus heben sich auf (null). Für sich allein kann ein Gegensatz nicht bestehen. Die Komplementärfarben zusammen ergeben Weiß. Kauft sich der Betreffende aber etwas für das geliehene Geld, hat er ebenfalls Schulden (minus) und zugleich den Gegenwert des Geldbetrages (plus). Er kann nun vorerst die Schulden nicht bezahlen. Der Gegensatz Plus und Minus bleibt bestehen, weil eine *Verschiebung* stattgefunden hat: vom Geldbetrag auf den Gegenstand, der gekauft wurde. Die Komplementärfarben bestehen nun, bildlich gesprochen nebeneinander, nämlich jede auf einem anderen Platz. Gegensätzlichkeit ist also durch *Verschiebung* möglich. In der Mitte dagegen liegt noch alles verdichtet-doppelwertig beieinander. Dort ist ,,noch" nicht Raum und Zeit.

Wie erklären sich nun *Verdichtung* und *Verteilung*? Sie erklären sich zwanglos aus dem, was jenseits von Raum und Zeit ist. Das lebt ja ständig in uns und durchdringt alles. Wie äußert es sich nun aber? Als etwas, das *nicht* im Raum und nicht von der Zeit abhängig zu sein scheint. Raum und Zeit — das bedeutet leidvolle Begrenzung, Anfang und Ende, Geburt und Tod. Schon *Schiller* wußte: ,,Nah beieinander wohnen die Gedanken"(und Träume, oft verdichtet wie die Anlagen in der Eizelle —) ,,doch hart im Raume stoßen sich die Sachen!" Ganz anders das, was jenseits davon ist. Nicht im Raum ist das, was nicht räumlich begrenzt ist, nicht von anderen Dingen getrennt und unterschieden und ohne (räumliche) Ausdehnung. Dort ist alles beisammen *(Verdichtung)*. Zugleich ist es aber auch ohne sichtbare Grenzen, weitgehend unbegrenzt wie Luft und Sonnenschein *(Verteilung)*, ein Reich unbegrenzter Möglichkeiten. (,,Bei Gott ist kein Ding unmöglich.") Nochmals: Was im Raum steht, braucht Platz, dort kann nichts anderes sein. Was nicht im Raum ist, kann auch keine Ausdehnung haben. Andererseits: Was im Raum ist, ist begrenzt. Was nicht im Raum ist, kann auch keine Begrenzung haben und nicht an einen Ort gebunden sein. Es muß daher dem Bewußtsein als allgegenwärtig erscheinen.

So auch hinsichtlich der Zeit. Nicht in der Zeit ist, was keinem Wechsel unterworfen ist, es muß daher einerseits als dauerhaft erscheinen, daher der Sprachgebrauch der Ewigkeit als einer unbegrenzten Dauer. Nicht in der Zeit ist aber auch, was keine noch so kleine Zeitspanne einnimmt, es erscheint als ein „Augenblick". So ist die Ewigkeit räumlich und zeitlich unbegrenzt *(Verteilung)* und doch zugleich ohne räumliche und zeitliche Ausdehnung (*Verdichtung*). *Verteilung* und *Verdichtung* sind also keine Vorgänge, sondern Anschauungsformen des Bewußtseins, so wie wenn weißes Licht durch ein Prisma farbig gesehen wird. Nun verstehen wir auch, warum in den Träumen — und wie wir sehen werden auch im Leib — *Verteilung* und *Verdichtung* eine so große Rolle spielen. Sie kommen ja aus dem Unbewußten, aus dem Jenseits, aus dem ewigen schöpferischen Urgrund.

Aber vom Jenseits sprechen ist ein viereckiger Kreis. Die Sprache kommt ja aus dem Nerven-Sinnessystem. Sie ist ein an Raum und Zeit gebundenes Werkzeug und kann nur raumzeitlich denken, wie ein Sieb nur Festes fassen kann. So sehen wir auch den Leib in Raum und Zeit. Er ist die raumzeitlich erlebte Seite des Organismus.

Das kollektive Unbewußte

Von ihm war schon die Rede. *C.G. Jung* [15, S. 690] sagt: „Neben diesen persönlichen unbewußten Inhalten gibt es aber andere Inhalte, die nicht aus persönlichen Aquisitionen, sondern aus der ererbten Möglichkeit des psychischen Funktionierens überhaupt, nämlich aus der ererbten Hirnstruktur stammen. Das sind die mythologischen Zusammenhänge, die Motive und Bilder, die jederzeit und überall ohne historische Tradition oder Migration neu entstehen können. Diese Inhalte bezeichne ich als kollektiv unbewußt."

Das sind die Ideen, Mythen, Sagen und Märchen mit ihrem großen Bilderreichtum. Leiblich entsprechen dem kollektiven Unbewußten höchstwahrscheinlich die allen Menschen gemeinsamen körperlichen Strukturen und Funktionen, alles was in uns vor sich geht, das selbsttätige Funktionieren der normalen inneren Lebensabläufe wie Nahrungsverarbeitung, Ausscheidung, Kreislauf, innere Atmung, hormonelles Zusammenspiel, Fortpflanzung, Entwicklung, Wachstum und Wohlbefinden. Hier geschieht alles wie von selbst. Hier steht der bewußten Verantwortung gegenüber das große Gebiet des gütigen Schicksals, dem wir uns anvertrauen dürfen. Schon die biologischen Tatsachen der allerersten Entwicklung finden wir in kollektiv-psychischen Inhalten wieder. Dazu folgendes.

Mystik, Mythen und Märchen

Die Tiefenschau des Bonaventura

Im „Itinerarium" des Bonaventura, eines Nachfolgers von *Franz von Assisi,* heißt es (S. 67):

1. „Weil das lauterste und absoluteste Sein, das Sein schlechthin das erste und letzte Sein ist, deshalb ist es *aller Dinge Ursprung* und vollendetes Ziel."
2. „Als das *Ewige und Gegenwärtigste umfaßt es jede Zeit* und durchdringt sie und ist gleichsam ihre Mitte und ihr Umkreis zugleich."
3. „Als das *Einfachste und Größte* ist es *ganz* in allem und *ganz außer allem* ähnlich einer geistigen *Kugel,* deren Mittelpunkt überall und deren Umkreis nirgends ist."
4. „Als das Wirklichste und *Unwandelbarste* ist es *unbeweglich* und *bewegt* selbst das All."
5. „Als das Vollkommenste und Unermeßliche ist es in allem, aber nicht eingeschlossen, außer allem, doch nicht ausgeschlossen, über allem, aber nicht erhaben, unter allem, aber doch nicht darunter." Diese scheinbaren Widersprüche haben große Ähnlichkeit mit unseren Träumen. Aber sind das alles nur abstrakte Worte und mystische Phantasien? Oder mehr?

Der Leib gibt uns Antwort. Wenn wir ihn nicht nur mit den Augen des Bewußtseins und der Wissenschaft sehen, sondern sozusagen von innen her, von der Mitte aus. Das Tagesbewußtsein entspricht, wie wir sahen, ja nur einem kleinen Teil des Organismus. Ein Teil kann nicht das Ganze erfassen. Der größte Teil ist unbewußt. Und hier finden wir Tatsachen, die die Aussagen von den Mystikern widerspiegeln. Hier finden wir ein Bild der Gottesidee wieder. Vergleichen wir:

Zu 1: Die (befruchtete) Eizelle ist „aller Dinge Ursprung" (im Organismus), „vollendetes Ziel" ist der entwickelte Mensch.

Zu 2: „Als das Ewigste und Gegenwärtigste umfaßt (sie) jede Zeit." Sie umfaßt als Möglichkeit gleichsam das ganze künftige Leben. Sie ist „gleichsam ihre Mitte" von der aus sich alles entfaltet.

Zu 3: Sie ist „das Einfachste und Größte" (nicht räumlich, wohl aber in den Möglichkeiten), Vergleichen wir: „Kommt es nach der Befruchtung *einer* Eizelle mit *einer* Spermie zu einer Trennung der beiden Halbblastomeren, so können diese zwei Embryonen . . . aus sich hervorgehen lassen". [13, S. 55]. Hier haben wir also Verdichtung und Verteilung — alles ist noch überall. Auffallend ist auch der Vergleich mit einer Kugel.

Zu 4: „Als das . . . Unwandelbarste ist es unbeweglich . . ." das Wesen des neuen Individuums bleibt sich gleich „— und bewegt selbst das All". Zugleich kommt doch alles mit der Entwicklung in Bewegung.

Zu 5: Hier befinden wir uns noch jenseits des Raumes, die Sinnesorgane sind ja noch nicht entwickelt.

Die Übereinstimmungen sind überraschend. Woher haben die Mystiker das gewußt? Aus ihrer Innenschau, aus dem Unbewußten? Man sieht, wie im großen Geistigen ist es auch im kleinen individuellen Leiblichen. Der Mensch — alles Lebende — ein „Ebenbild Gottes"?

Die befruchtete Eizelle liegt „noch" jenseits der leiblichen Entsprechungen von Raum und Zeit. Die Sinnesorgane und was dazu gehört sind „noch" nicht entwickelt, Raum und Zeit werden „noch" nicht erlebt. So trifft es zu, daß wir aus dem Jenseits kommen. Die Eizelle vertritt ein Stück Ewigkeit. Was aber jenseits der Zeit liegt (von innen her gesehen), kann ihr nicht ganz unterworfen sein, ist nur teilweise von ihr abhängig. Der Wesenskern eines Menschen ist unveränderlich. Wie wir heute wissen, sind immer überall die gleichen Chromosomen, Träger der Erbanlagen, vorhanden. So erscheint die Ewigkeit durch die Brille des Bewußtseins als ein *Immer*, das zeigt ja auch der Sprachgebrauch. Aber was jenseits der Zeit liegt, kann auch nicht überdauern, denn Dauer ist ja ein zeitlicher Begriff. Darum ist der Mensch trotz seiner wesentlichen Unveränderlichkeit *zugleich* ständiger Veränderung unterworfen. *Nie* bleibt er genau der Gleiche.

Auch räumlich ist es so. Das Wesen eines Individuums ist *überall*, allgegenwärtig, Hand und Fuß sind vom gleichen Wesen geprägt, auch alle Körperteile und auch alle seelischen Bereiche. Und doch ist zugleich jeder Körperteil wieder anders, *nirgends* findet sich genau das Gleiche. Und nirgends ist ein „Sitz der Seele".

So erklärt sich auf einfache Weise aus dem, was jenseits von Raum und Zeit liegt, warum *Immer* und *Nie, Überall* und *Nirgends* in allem Lebenden dicht beieinander liegen, miteinander verwoben und verschmolzen sind. Natürlich sind die Ursachen naturwissenschaftlich bekannt, aber hier erscheinen sie in ganz neuem Licht, nun wissen wir auch um die Bedeutung dieser paradoxen Erscheinung.

Leben ist also, wo Jenseits und Diesseits einander durchdringen [20, S. 23: „Das Jenseits mischt sich dem Irdischen"], ist göttlich durchdrungene Materie, eingefleischte Seele, Vereinigung allgegenwärtigen Wesens mit abgegrenzter Besonderheit. Hieraus entsteht das Individuum: aus der Besonderheit kommt seine Beschränkung, aus der Wesenheit seine unendliche Beseelung, aus ihrer Allgegenwart seine Unteilbarkeit. So gesehen hat alles Lebende Anteil an der Unsterblichkeit. *Paulus* im ersten Korintherbrief 6. 19/20: „Oder wisset ihr nicht, daß euer Leib ein Tempel des heiligen Geistes ist, der in euch ist, welchen ihr habt von Gott, und seid nicht euer selbst? . . . so preiset Gott an eurem Leibe und in eurem Geiste, welche sind Gottes."

Der Leib ist nicht nur „sterbliche Hülle", Fessel oder Kerker für die aufstrebende Seele, sondern vermittelt als Symbol nach beiden Seiten, abwärts *und* aufwärts führend, veränderlich *und* beständig, weltlich *und* erlösend zugleich, erlösend durch Gesundheit und lebendige Einordnung in die allumfassende Harmonie der ewigen Natur.

Die platonischen Hälften

Im „Gastmahl" erzählt *Plato*: „Die ganze Gestalt jedes Menschen war ursprünglich rund, und der Rücken und die Seiten bildeten eine Kugel. Der Mensch hatte also vier Hände und vier Füße, zwei Gesichter drehten sich am Halse, und zwischen beiden Gesichtern stak ein Kopf, aber der Kopf hatte vier Ohren. Der Mensch besaß die Schamteile doppelt, und denkt euch den Vergleich für euch selbst aus: auch alles andere war demgemäß doppelt. Der Mensch ging zwar aufrecht wie heute, aber nach vorwärts und nach rückwärts, ganz wie es ihm gefiel . . . Und gleich den Gestirnen, denen sie eingeboren sind, waren sie rund . . . Groß und übermenschlich war ihre Stärke, ihr Sinn war verwegen, ja, sie versuchten sich sogar an den Göttern. . . . Und *Zeus* und alle Götter erwogen, was sie dagegen tun sollten. . . Da fiel es aber *Zeus* ein und er rief: Ich habe das Mittel! . . . Er nahm die Menschen her und schnitt jeden in zwei Teile . . . Als nun auf diese Weise die ganze Natur entzwei war, kam in jeden Menschen die große Sehnsucht nach seiner eigenen anderen Hälfte, und die beiden Hälften schlugen die Arme umeinander und verflochten ihre Leiber und wollten wieder zusammenwachsen und starben vor Hunger . . . Da hatte *Zeus* Erbarmen mit dem Menschengeschlechte . . . und er setzte die Schamteile nach auswärts . . . Und nachdem *Zeus* die Schamteile also versetzte, ließ er die Menschen ineinander zeugen und sich selbst gebären, damit von jetzt an, wenn der Mann dem Weibe beischläft, das Geschlecht sich fortpflanze. . . . Von dieser Zeit her, Freunde, ist Eros dem Menschen eingeboren und da, damit er die Menschen zu ihrer alten Natur zurückbringen und aus zwei Wesen eines bilde und so die verletzte Natur wieder heile.''

Diese Geschichte hat aber noch eine andere Seite. Niemand wußte ja damals etwas von den Ergebnissen der heutigen Biologie. Hat man sie irgendwie geahnt? Wir haben nämlich den entsprechenden Vorgang in der Reifung der Geschlechtszellen als Vorbereitung auf ihre Verschmelzung durch die Befruchtung. Sie sind zunächst vollständig, d.h. sie enthalten die für die Art charakteristische Anzahl von Chromosomen (Träger der Erbanlagen). Diese Zahl würde sich bei der Befruchtung aber verdoppeln. Die Chromosomen müssen also halbiert werden. Das geschieht durch die Reife- oder „Reduktions"teilungen (Längsteilung) der Geschlechtszellen. Nun kann die Befruchtung erfolgen und die befruchtete Eizelle hat wieder die normale Chromosomenzahl. Dabei hat zugleich ein Austausch der Erbfaktoren stattgefunden (mit unabsehbarer Mannigfaltigkeit der Kombinationsmöglichkeiten).

Fassen wir zusammen: Die Geschlechtszelle ist zunächst vollständig („rund" — vgl. die „geistige Kugel" des Bonaventura). Es kommt zur Teilung mit Halbierung der Chromosomen (*Zeus* „schnitt jeden in zwei Teile"). Das ist die Voraussetzung zur Befruchtung („Zusammenwachsen").

Die Übereinstimmung mit der platonischen Sage springt in die Augen. Das kollektive Unbewußte hatte die biologische Wahrheit von innen her erschaut.

Dornröschen

Dornröschen wird nach dem (gemilderten) Spruch der dreizehnten Schicksalsfrau mit dem Beginn ihres fünfzehnten Lebensjahres durch eine Spindel in einen todähnlichen Schlaf versenkt.

Die Walküre wird zur Strafe für ihren Ungehorsam von Wodan durch den Zauberdorn in Schlaf versenkt. Beide können erst erweckt werden von dem ihnen bestimmten Helden. So wird die Eizelle durch nur *ein* Spermium zur Entwicklung erweckt. Die Samenzelle hatte ein Hindernis zu überwinden, die Eihülle, wie der Held die Dornenhecke bzw. die Waberlohe. Weitere Samenzellen, „erfolglose Freier", gehen zugrunde wie z.B. im Märchen *Turandot*.

In der Edda kommt *Schwingtag*, der vom Schicksal auserwählte Freier, der junge Lichtgott, zur Lichtburg, um Goldfreude zu gewinnen. Dabei muß er mehrere Hindernisse überwinden, das Gatter Donnerschall, die Gürtung Gästespott, die Waberlohe und die Totenhunde Gierig und Gehrlich. Keinem Sterblichen sonst ist das möglich. Das heißt: kein sterbliches Bewußtsein dringt in das Geheimnis der Zeugung. Darum hat auch *Siegfried* anfangs keinen Namen.

Im Märchen „Die weiße Schlange" ist ein goldener Ring aus der Tiefe des Meeres zu holen. Als zweite Aufgabe sind zehn Säcke Hirse aus dem Gras aufzulesen und drittens ein Apfel vom Baum des Lebens zu holen. Die Königstochter ist die Eizelle, der Jüngling der Same. Die Tiere, Symbol vegetativen Geschehens, helfen ihm dabei. Der Ring bedeutet die Vereinigung von Leib und Seele und den Kreislauf des Lebens. So holt auch die Samenzelle den Kreislauf des Lebens aus der Tiefe der noch intakten Eizelle.

Das goldene Zeitalter

Immer wieder begegnen wir der Aussage von einem ursprünglichen goldenen Zeitalter, da die Menschen mit den Göttern auf vertrautem

Fuß und wie im Paradies lebten. „Und Gott der Herr hatte von Anbeginn einen Lustgarten gepflanzt, und er setzte darein den Menschen. . .'' (Genesis 2, Vers 8). „Und Gott der Herr brachte . . . hervor . . . auch den Baum des Lebens in der Mitte des Gartens'' (Vers 9).

Es versteht sich, daß im goldenen Zeitalter kein Mangel herrschte. Das Gold ist hier Ausdruck des höchsten Lebenswertes. Es ist auch der unerschöpfliche Reichtum der goldenen Sonnenstrahlen, von denen alles Leben auf dieser Erde abhängt. Wieviel man auch von diesem Gold nimmt, es wird nicht weniger. So auch das Rheingold. Es ruht unberührt in der Tiefe. Es ist die quinta essentia des Mittelalters. Es ist der unerschöpfliche Reichtum des heiligen Grals, durch dessen Kraft jede gewünschte Speise auf dem Tisch erscheint, oder des Märchens vom Tischlein-deck-dich, oder vom Goldesel, oder vom Reichtum des Goldmariechens, das alles herbeizaubern konnte, was es haben wollte. Es ist das Brot, mit dem Jesus die Fünftausend speiste. Es ist der Reichtum des goldenen Zeitalters, der Zeit, „da das Wünschen noch geholfen hat''.

Hier, im Unbewußten, entsprangen die Mythen und Sagen. Ihr Sinn ist von unerschöpflicher Tiefe. Wo Menschenkraft und Menschenwort versagen, hat die Natur hier Bilder von unübertroffener Schönheit und Größe geschaffen.

Und nun wieder dasselbe in der Sprache der Biologie. Das goldene Zeitalter ist nicht nur eine Erinnerung an die Embryonalzeit, es bedeutet noch mehr. Die befruchtete Eizelle hat nämlich zunächst noch große Möglichkeiten. Wir nennen sie ihre „prospektive Potenz''. Dann erst wird, wie wir heute wissen, das Schicksal der einzelnen Keimbezirke festgelegt und entschieden, was daraus entstehen wird („prospektive Bedeutung''). Diese Entwicklung ist durch die Erbanlagen bestimmt. Trotzdem bleiben die ererbten Informationen überall erhalten. So ruht z.B. in unseren Leberzellen, wenn auch ungenutzt, das Wissen um den Aufbau der Knochenzellen usw. und umgekehrt. Die genetische Bibliothek enthält alles. Aber die prospektive Potenz ist stets größer als die prospektive Bedeutung [13, S. 25]. Auch deutsch: Ursprünglich herrscht großer Reichtum im Gegensatz zum späteren begrenzten Dasein. So wird von ganz anderer Seite her bestätigt, was die Menschheit seit unvordenklichen Zeiten schon gewußt oder geahnt hat. Es ist doch sehr merkwürdig, daß die Psyche diese Bilder hervorgebracht hat, die mit den Ergebnissen der heutigen Wissenschaft übereinstimmen. Das ist nur verständlich aus der Sicht eines gemeinsamen leib-seelischen Ursprungs.

Die Embryonalentwicklung

Die Entwicklung des werdenden Menschen hat keine Ähnlichkeit mit der Herstellung einer Ware. Sie gleicht vielmehr der Entstehung eines Kunstwerks. Der Künstler schafft aus dem Unbewußten heraus. Er entwirft, verwirft, vereinigt und trennt, fügt neu zusammen, unterscheidet, formt und gestaltet. Wir wollen ihn bei seiner Tätigkeit beobachten. Dabei fällt uns auf, daß wir auch hier finden, was wir als Eigenschaften des Symbols kennengelernt haben.

Die Entwicklungsgeschichte von *Grosser-Ortmann* beginnt mit den Worten: ,,Jedes mehrzellige Lebewesen beginnt sein Dasein als einfache Zelle; diese geht bei geschlechtlicher Fortpflanzung aus der Verschmelzung zweier Zellen, den Geschlechtszellen, hervor. Die befruchtete Eizelle teilt sich, schafft durch fortgesetzte Teilungen zusammenhängende epithelartige Zellschichten, die als Keimblätter bezeichnet werden, und aus diesen entstehen die ersten Anlagen der Organe, die Primitivorgane, in charakteristischer gegenseitiger Lage. Während die Primitivorgane nur aus einer einzigen Zellart bestehen und nur von *einem* Keimblatt gebildet werden, kommt es alsbald zu einer Differenzierung und *gegenseitigen Durchdringung* der Gewebe und Umwandlung der äußeren Form der Organe bis zum Erreichen des endgültigen Zustandes.''

Dieser endgültige Zustand wird also nicht auf direktem geraden Weg erreicht, wie wir unsere bewußten Handlungen unter der Vorherrschaft des Auges geradewegs auszuführen gewohnt sind. Sondern die Natur geht Umwege. So ist weiter unten (S. 27) zur Entwicklungsmechanik von einem ,,laufenden Auf- und Abbau'' die Rede. Auch ,,der Knochen (ist) während des Wachstums in beständigem Umbau begriffen. . .''

Greifen wir einige Beispiele von Symbolcharakter heraus.

Verdichtung

Die Vereinigung von Ei- und Samenzelle. Das biogenetische Grundgesetz: die individuelle Entwicklung (Ontogenese) wiederholt die Entwicklung in der aufsteigenden Tierreihe (Phylogenese) in groben Zügen

48

im Zeitraffertempo. Das Auge stammt teils aus der Hirnanlage, sein vorderer Teil aber ist ektodermaler Herkunft (S. 96). Auch die Zunge ist nicht einheitlicher Herkunft (S. 133). Ebenso das Herz (S. 165, 166). Auch der Hodensack: Der vordere Abschnitt des Dammes nimmt die dorsalen Teile der Geschlechtswülste mit auf (S. 159). Noch an vielen anderen Stellen entstehen Gewebe oder Organe durch Verschmelzung verschiedenartiger Gewebe.

Verschiebung

Die Augen stehen ursprünglich seitlich und wandern nach vorn in Parallelstellung (S. 191). Das Herz ist zunächst symmetrisch-paarig angelegt und wandert nach links (S. 59). „Die Lage der Organe entspricht bis zu einem frühen . . . Stadium einer bilateralen Symmetrie . . . Die Anlagen der Eingeweide . . . zuerst das Herz, dann der Darm gewinnen frühzeitig eine deutliche . . . Asymmetrie". Mit dem Herzen verschieben sich auch die Blutgefäße. Die Nierenfunktion verschiebt sich von der Vor- und Urniere auf die bleibende Niere (S. 140).

Auch in der Entwicklung der Wirbelsäule und der zugehörigen Muskulatur findet eine Verschiebung statt (S. 185): „Während die Ursegmente anfangs durch Spalten . . . voneinander getrennt sind, treten . . . (jetzt) Spalten auf, welche gerade in der Mitte zwischen den die Muskelsegmente trennenden Spalten liegen; sie werden deshalb Intersegmentalspalten genannt, . . . und entsprechen, da immer die kaudale Hälfte eines Sklerotoms mit der kranialen des folgenden zu einem Wirbel verwächst, den . . . Zwischenwirbelgrenzen der fertigen Wirbelsäule. Der Sinn dieses als Umgliederung der Wirbelsäule bezeichneten Prozesses liegt darin, daß die Muskelsegmente jetzt die Wirbelgrenzen überbrücken und damit die Wirbel gegeneinander bewegen können . . ."

Verteilung

Beispiel Blutbildung. In der Embryonalzeit nimmt auch die Leber an der Blutbildung teil. Außerdem: „Kleine Blutbildungsherde, die bald wieder verschwinden, finden sich in der ersten Hälfte der Fetalzeit im Körper weit verbreitet zwischen den Organen" (S. 172).

Umkehrung

Zeitlich: Die Entwicklung „verläuft anfangs ziemlich langsam", später schneller (S. 60). Bei der Pflanze ist es bekanntlich ebenso. Räumlich: auch die Größenverhältnisse kehren sich um. So ist z.B. das Herz entsprechend seiner Funktion anfangs verhältnismäßig groß, die Lunge, da sie noch nicht gebraucht wird, klein. Auch das Größenverhältnis des Gehirns im Vergleich zum übrigen Körper ist bekannt.

Doppelwertigkeit

Das fetale Blut ist arteriovenös (S. 181); arterielles und venöses Blut sind noch gemischt. Die Beispiele ließen sich wahrscheinlich noch beliebig vermehren.

Also auch in der Embryonalentwicklung finden wir auffallenderweise wie in den Träumen die Eigenarten der *Verdichtung, Verschiebung, Verteilung, Umkehrung* und *Doppelwertigkeit*. Und wir finden auch die traumartig fließenden Wandlungen und Übergänge. Das dürfte wohl mehr sein als nur eine zufällige Ähnlichkeit! Beides kommt aus dem gleichen schöpferischen Urgrund jenseits des Bewußtseins.

Die Kindheit

Das Kleinkind steht noch mit einem Bein in der Ewigkeit. Raum und Zeit wollen erst werden. Es lebt noch in einer anderen Welt. „Lasset die Kindlein zu mir kommen." „Mein Reich ist nicht von dieser Welt." Das Bewußtsein ist noch anders geartet als bei uns, sowie auch der Leib. Die Größenverhältnisse sind anders, und so auch die „Verhältnisse", unter denen das Kind lebt. Es fällt darum manchmal schwer, sich darin einzufühlen. Mancher ist weit davon entfernt. Denn die frühe Kindheit haben wir ja vergessen. Nicht, weil es „schon so lange her ist". Erinnerungen während des Erwachsenseins erhalten sich über viel längere Zeit. Das Vergessen der Kindheit muß andere Gründe haben. Dieselben, aus denen wir die Träume vergessen. Das kindliche Erleben ist noch nicht voll bewußtseinsfähig in unserem Sinn, kann nicht mit den uns geläufigen Maßstäben gemessen werden. Der Säugling befindet sich noch meistens im Tiefschlaf. Das ist durch elektroencephalographische Messungen festgestellt worden. Tag- und Nachtschlaf ähneln sich noch weitgehend und gehen ins Erwachen ohne scharfe Grenzen über.

Beim Kleinkind ist alles noch veränderlich und in dauernder Umwandlung begriffen, auch das Gehirn in anatomischer, chemischer und physiologischer Hinsicht. Sinneseindrücke stehen noch ohne Verbindung nebeneinander. Die Koordination der Augen, das binoculare Sehen, will erst werden. Die *Fovea centralis*, die Stelle des deutlichsten Sehens in der Netzhaut, bildet sich erst im Alter von 6 Monaten voll aus. Dann lernt das Kind fixieren.

Zwischen Traum und Wirklichkeit wird noch nicht klar unterschieden. Unsagbares wird erlebt wie im Traum. Alles scheint möglich, und alles scheint belebt. Die Sprache, Werkzeug raumzeitgebundenen Tagesbewußtseins, ist noch nicht entwickelt. Tiefe Eindrücke wie nie wieder werden erlebt. Die Träume sind bunt und phantastisch. Das Kleinkind staunt. Die Welt wird noch nicht als *eine* Welt, als Weltganzes erlebt. Eine „Weltanschauung" kommt erst viel später.

Auch motorisch ist das Kleinkind bekanntlich noch keine Einheit. Es muß erst lernen, seine Glieder zu gebrauchen. Die Neurophysiologie gibt uns über viele Einzelheiten Auskunft. Das Kind muß sich erst entdecken, auch sein Ich. Es gibt noch keinen bewußten Willen und so auch keine Kausalität. In unseren Träumen ist es heute noch so. Sinnesorgane und Bewegungsapparat sind beim Kind noch in Entwicklung und fortlaufenden Veränderungen begriffen. So bestehen auch noch nicht die „ewigen", für uns Erwachsene unveränderlichen „Naturgesetze" in Raum und Zeit. Für das kleine Kind gibt es noch nichts Feststehendes. Es steht ja noch nicht fest auf den Beinen. Und hier fehlt auch noch die zielbewußte Nahrungsbeschaffung.

Das kleine Kind liegt noch meistens. Liegend wird die Welt anders erlebt, aus der Horizontalen sieht sie anders aus. Wie bei aufrechter Haltung ein Körperteil auf dem anderen gewissermaßen ruht, so beruhen für uns die Dinge aufeinander in feststehender Ordnung. Beim Kind noch nicht. Es hat noch keine Wertungen im Sinn von Oben und Unten, alles ist gleichberechtigt, der Hund gehört zur Familie.

Erst allmählich ergreifen Raum und Zeit Besitz vom kindlichen Bewußtsein. Sie sind zunächst viel größer, entsprechend der Kleinheit des Kindes. Darum wird in kurzer Zeit außerordentlich viel erlebt, da die Zeit noch sehr langsam vergeht, und eine kurze Abwesenheit der Mutter erscheint endlos lang. Aber das Paradies entschwindet und das goldene Zeitalter nähert sich seinem Ende zu. Darunter leidet das Kind. Es fühlt sich unverstanden, ein erwartetes Wunder bleibt aus, das Spielzeug ist nicht lebendig, ein schönes Erlebnis wiederholt sich nicht, das Licht kann man nicht in Säcke füllen und die Eltern sind nicht allmächtig und allwissend.

Der Sündenfall

Das goldene Zeitalter währt eben nicht unbegrenzt, ist nicht von dauerndem Bestand. Später werden wir sehen, daß und wieso es dennoch fortbesteht. Wir erinnern uns: Das Jenseitig-Ewige erscheint durch die zeitliche Brille des Bewußtseins als ein *Immer* und *Nie* zugleich. Betrachten wir zunächst das *Nie*, besser das *Nicht mehr*, die sterbliche Seite des Lebens. Es ist die Absonderung des Individuums von seinem kollektiven schöpferischen Ursprung. Sie erfolgt leiblich und auch seelisch schon in den ersten Entwicklungsstadien. Die prospektive Potenz weicht der prospektiven Bedeutung. In der Eizelle entscheidet sich, welche Organe sich aus welchen Teilen bilden. Die Zellteilung hat begonnen. Teilung bedeutet Absonderung. „Sünde" kommt von Sonderung. Die Vertreibung aus dem Paradies, aus der ewigen Mitte, die Loslösung des Individuums aus dem lebendigen Urgrund erfolgt durch die Einbuße ursprünglicher Bildekräfte und scheinbar weitgehend unbegrenzter Möglichkeiten und durch fortschreitende Spezialisierung. Auch die ursprüngliche Symmetrie der Organe geht verloren, sie entfernen sich von der Mitte. Deren Ruhe wird abgelöst durch den beginnenden Herzrhythmus. Der fetale Kreislauf (Plazentarkreislauf) ist von dem mütterlichen Kreislauf getrennt und muß es sein. Der Embryo entwickelt sogar sein eigenes Immunsystem zur Abwehr körperfremder Eiweißkörper. Bei der normalen Geburt steht der Kopf des Kindes in entgegengesetzter Richtung wie der Kopf der Mutter. Das heißt auf Deutsch: Ich gehe meinen eigenen Weg.

All das hat vielfachen mythischen Ausdruck gefunden. In der Edda wird das goldene Zeitalter durch die Ankunft der Nornen beendet. Die Schicksalsfrauen als Spinnerinnen des Zeitfadens treten an die Stelle der Ewigkeit. Die Bildekräfte werden eingeengt. Verwirklichung wird mit dem Opfer von Möglichkeiten erkauft.

Im Nibelungenlied ruht die ursprüngliche Lebenskraft als Rheingold in der gebärenden Tiefe des Wassers. Aber *Alberich* entreißt sie den Rheintöchtern und es gelingt ihm, den Ring daraus zu schmieden, den rhythmischen Kreislauf dieses Lebens. Der Ring ist „das Symbol des Zusammenhangs von Leib und Seele". [23, S. 60]. Aber nur wer der Liebe entsagt, konnte den Ring schmieden, durch Abwendung von der nun beendeten liebevollen Verschmelzung von Ei und Samenzelle, durch Zellteilung und Besonderung.

Mit dem Gold will *Wodan Freia*, die Bürgin seiner ewigen Jugend, die als Pfand für den Bau der Götterburg gegeben werden mußte, von den Riesen einlösen. So sind auch für den Bau des Organismus ursprüngliche Bildekräfte, die „Bürgen ewiger Jugend", „zum Pfand gegeben" worden. *Wodan* ist das Bewußtsein, seine ewige Jugend ist verlorengegangen und kann auch durch das nunmehr von *Alberich* verfluchte Gold, durch Ernährung, nicht mehr zurückgewonnen werden: Der individuelle Organismus ist sterblich. Raum und Zeit haben die Herrschaft angetreten. Es kommt zur Götterdämmerung.

Prometheus hat das Feuer von den Göttern gestohlen, vom Himmel auf die Erde heruntergeholt, um es den Menschen dienstbar zu machen. Zur Strafe wird er an den Felsen geschmiedet. Zur Strafe wird das Bewußtsein gefesselt von Sorgen, die Seele vom Leib. Muß das sein? Immerhin: es hat sich eingemischt in den natürlichen instinktiven Ablauf der Dinge und wurde dafür aus dem Paradies der Selbstverständlichkeit vertrieben. So ist es ein altes Motiv, daß nach dem Sündenfall der Mensch die Sprache der Tiere nicht mehr versteht. Aber *Siegfried* versteht sie nach Besiegung des Drachens.

Die biblische Vertreibung aus dem Paradies kennen wir ja alle. Auch dort steht bezeichnenderweise der Baum des Lebens in der Mitte. Vom Baum der Erkenntnis essen ist Bewußtwerden in Raum und Zeit.

Nach *C.G. Jung* [16, S. 62] stellt die Genesis „die Bewußtwerdung als eine Art Tabuverletzung dar, wie wenn durch Erkenntnis eine sakrosankte Grenze frevelhaft überschritten würde. Ich glaube, die Genesis hat recht, insofern jeder Schritt zu einem höheren Bewußtsein eine Art prometheische Schuld ist: durch die Erkenntnis wird gewissermaßen eine Art Feuerraub an den Göttern begangen, d.h. es wird etwas, das Eigentum der unbewußten Mächte war, aus diesem naturhaften Zusammenhang herausgerissen und der Willkür des Bewußtseins unterstellt".

Im Paradies gibt es genug Nahrung. Darum braucht man sich keine Sorgen zu machen. Mit der Geburt und Abnabelung beginnt sich das zu ändern. Und wohin jetzt mit Kot und Urin? Im äthiopischen Adamsbuch [4, S. 271] heißt es: „Als Adam und Eva aus dem Paradies vertrieben waren . . . (war) . . . ihr Bauch von Essen beschwert . . . Sie klagten: solche Beschwerden haben uns nicht befallen im Garten und solche Speise haben wir dort nicht gegessen. . . . Laß uns nicht umkommen durch das, was in unserem Bauch ist. Und Gott . . . machte ihnen Öffnungen, durch die sie sich entleeren konnten. . . Adam und Eva aber stießen das aus, was sie im Bauche hatten, . . . traurig und weinten wegen des Kotes, der aus ihrem Leibe gegangen war. Und sie fühlten, daß es mit ihnen anders geworden war von jener Stunde an, und daß die Hoffnung, wieder in den Garten hineinzukommen, ihnen abgeschnitten war, weil kein Körper, welcher der Speise, des Trankes und der Entleerung bedarf, dort zu weilen vermag." Und *Dacqué* fährt fort: ,,Und da sollte man noch fragen, ob in den uralten Gedanken nicht Grundwirkliches lebt?" Die Parallele zur Geburt und dem Zustand danach liegt auf der Hand.

Mit der Abnabelung kommt es zum ersten Atemzug und der Kreislauf stellt sich um. Damit ist der Übergang aus einem relativen Ruhezustand in die zeitliche Welt rhythmischen Geschehens vollzogen.

Nun wird das ,,Licht der Welt" erblickt, die Augen lernen sehen, das raumzeitliche Bewußtsein kommt allmählich zur Herrschaft. Die Augen stellen sich erst langsam aufeinander ein. ,,Der charakteristische Bau der *Fovea centralis*, der Stelle des schärfsten Sehens, wird aber erst mit 6 Monaten angelegt" [13, S. 98]. Glaskörper und Linse waren im Embryonalzustand durchblutet. Sie wurden von der Arteria hyaloidea ernährt. Sie löst sich in ein Gefäßnetz auf, das dann verschwindet, so daß Glaskörper und Linse klar und durchsichtig werden. Mit anderen Worten: das traumhafte Unbewußte weicht der Bewußtseinsklarheit.

Weitere Stationen der Loslösung des Individuums sind das Abstillen, die spätere auch geistige Loslösung von den Eltern und das Ende der Kindheit mit der Geschlechtsreife und dem Aufhören des Größenwachstums. Auch die Bäume wachsen nicht in den Himmel.

Dem verlorenen Paradies entspricht natürlich körperlich auch die verlorene Regenerationsfähigkeit. Insbesondere die Organe des Bewußtseins, Nervenzellen, Sinnesorgane und Gliedmaßen wachsen, wenn verloren, bekanntlich nicht mehr nach. Ein Zahn auch nicht. Auch nicht die verlorene Unschuld einer ungestörten Gesundheit.

Die Zeit, körperlich der Weg der Nahrungsaufnahme und -verarbeitung, auch der Weg der Entwicklung, verläuft stets nur in *einer* Richtung unwiederbringlich dem Tod entgegen. Um so zäher ist die Natur bestrebt, das Vorhandene zu erhalten. Maßlos verschwenderisch im jenseitigen schöpferischen Bereich, geizt sie hier in äußerster Sparsamkeit. Die Sonne gibt und strahlt unerschöpflich, die Erde nimmt mit Erdenschwere. Die lebendige Keimkraft ist sonnengleich, die individuelle Begrenzung erdhaft. Alles Leben entsteht aus dem Zusammenwirken von Sonneneinstrahlung und Erdoberfläche, von Sonne und Mutter Erde. Alles Leben ist aus Sonne und Erde gemischt wie aus väterlichem und mütterlichem Erbteil. Das sind die „zwei Seelen", die in unserer „Brust" wohnen.

So ist die Natur verschwenderisch und sparsam zugleich. Jenseits und Diesseits durchdringen sich. Auf der einen Seite die Welt der Schöpfung, des Paradieses, des goldenen Zeitalters, des unerschöpflichen Reichtums, des immer schöpferischen Unbewußten. Wie anders sieht die irdische Welt aus! Mit ihrer Beschränkung und unerbittlichen Notwendigkeit. Mit ihrer Entzweiung und ihrem Kampf ums Dasein. Die Natur gibt dem Individuum Todesangst und Schmerz den unersetzlichen Gliedern, während Haare und Nägel ohne jede Schmerzempfindung sind. Mit dem Unersetzlichen aber will die Natur haushalten.

Wachstum und Erneuerung

Viele Menschen beklagen nun dieses jammervolle Dasein und fragen sich, wozu man überhaupt lebt. Man nennt das Realismus und ist stolz darauf. Oder man wird lebensüberdrüssig. Aber der Selbstmörder gleicht jemandem, der, um zu sterben, das ganze Schiff, auf dem er sich befindet, mit in die Luft sprengt. Die anderen Mitreisenden werden nicht gefragt. Ist das richtig? Der Organismus ist mehr als nur das Bewußtsein. Nur das Bewußtsein will sein bisheriges Leben beenden. Aber alles, was sonst noch im Organismus lebt, wird mitgetötet. Darf das sein?

Aber das ewige Leben, von dem die Religionen uns berichten, beginnt nicht erst nach dem Tod irgendwo in den Wolken. Es ist keine leere Zukunftshoffnung. Es ist immer da, jetzt und hier. Es ist keine Illusion. Wir sehen es nur meistens nicht. Aber was der Zeit nicht unterworfen ist, kann auch nicht so schnell enden. Es besteht während des ganzen Lebens als ewige Quelle, als Wasser des Lebens, als das Selbst der Tiefenpsychologie, als das Atman der indischen Überlieferung, als unser innerster Wesenskern, als verborgene Keimschicht, als das, was bei der Pflanze dem Vegetationspunkt vergleichbar ist.

Um uns davon zu überzeugen, brauchen wir nur den Leib zu befragen, seine geheimen Schriftzeichen, seine Symbolsprache. Da gibt es ja nicht nur unersetzliches Vergängliches, sondern auch Wachstum, Erneuerung, Regeneration und Heilung. Das Materielle muß zwar schließlich sterben, „segnet das Zeitliche".

Schäden am Auto heilen nicht von selbst. Wohl aber manche Schäden am lebenden Organismus. Die Biologie kennt viele Beispiele. Ein durchtrennter Regenwurm bildet an beiden Hälften Kopf und Endteil neu. Machen Sie das mal nach! So glücklich sind wir nicht. Aber es bleibt uns noch genug und es erscheint uns selbstverständlich, weil wir es so gewöhnt sind. Naturwissenschaftlich sind die Vorgänge der Regeneration und Wundheilung heute bis in viele Einzelheiten erforscht. Zugleich sind sie aber Ausdruck des Ewigen in uns und auch von dieser Seite her zu verstehen. Übrigens waren nicht zufällig den Germanen die Haare ein Symbol der Lebenskraft.

Das Blut

Die Kräfte der Erneuerung wirken bekanntermaßen ganz besonders sinnfällig auch im Schlaf und im Blut. Der „ganz besondere Saft" ist fast allgegenwärtig und wirkt während des ganzen Lebens. Auch hier die *Verteilung* auf überall und immer. Der Sprachgebrauch bestätigt die überragende Rolle des Blutes zu allen Zeiten. Die der Wissenschaft bekannten zahlreichen Aufgaben und Funktionen des Blutes sind alle in ihm *verdichtet*. Außerdem vermittelt es zwischen Gegensätzen (*Doppelwertigkeit*) in der Ernährung, in der Atmung, fließt bei Tag und Nacht, erfüllt die rechte wie linke Körperhälfte, speist willkürliche Muskulatur und auch selbsttätig arbeitende Organe, verbindet das Bewußtsein mit dem Unbewußten, Hirn und Herz, freien Willen und Bestimmung, das Ich mit dem Du, das Individuum mit der Ahnenreihe, den Eros mit der Religion, die Erneuerung mit der Erlösung, das Diesseits mit dem Jenseits.

Die Organe des Unveränderlichen und Festen, Augen und Knochen, haben am Blut geringen Anteil. Das Blut, ein Musterbeispiel der Erneuerung in uns — denn es wird ja ständig erneuert —, ist dementsprechend natürlich ohne Schmerzempfindung — wie sollte es auch! Es hat Symbolcharakter.

Der Schlaf

Hier gibt es noch viel Ungeklärtes. Das ist nur natürlich: Nachts ist es dunkel, auch im höheren Sinn. Der Schlaf wird von den Fachleuten mit einem Kontinent verglichen, dessen Erforschung gerade erst begonnen hat. Soviel weiß man jetzt: Auch der Schlaf ist physiologisch ein aktiver Zustand. Das Gehirn ist auch im Schlaf tätig, nur ist die Gehirntätigkeit im Schlaf von anderer Art. Am Vorgang des Schlafens ist der Hirnstamm wesentlich beteiligt. Der Schlafzustand wird ausgelöst vom Thalamus und vorderen Hypothalamus. Es handelt sich hier um entwicklungsgeschichtlich urtümliche Hirnteile, fern der Hirnrinde und dem Tagesbewußtsein, nahe dem, was wir das „Jenseits" nannten, jenseits des Bewußtseins. Dort entsteht der Tiefschlaf. Während des Tiefschlafs wird die Erholung vom Wachstumshormon der Hirnanhangdrüse wesentlich beeinflußt. Das erfolgt nur im Tiefschlaf. So haben die neuesten Forschungen bestätigt, daß die Kräfte des Wachstums und der Erneuerung von jenseits des Bewußtseins kommen. Wir sollten uns ihnen bedenkenlos anvertrauen und nicht alles besser machen wollen. In diesem Zusammenhang ist interessant, daß die Frau zu Beginn der Schwangerschaft oft ein größeres Schlafbedürfnis hat und daß vor der 30. Schwangerschaftswoche der Embryo, wie festgestellt werden konnte, ununterbrochen schläft. Auch der Erwachsene nimmt im Schlaf oft noch Embryonalhaltung ein.

Im Schlaf ist also das schöpferische Unbewußte ganz besonders wirksam. Hier wird die Zukunft vorbereitet. Darum klingt hier auch immer wieder die an Möglichkeiten so reiche Kindheit an. *Freud* (S. 144) schreibt: „. . . daß man zu seiner Überraschung im Traum das Kind mit seinen Impulsen weiterlebend findet". Nein, das ist gar nicht überraschend. Nicht nur weil zufällig alte Erinnerungen wieder auftauchen, sondern weil Schlaf und Träume aus der Keimschicht kommen. Darum haben ja auch die Träume Symbolcharakter. Zwar wird behauptet, der Tiefschlaf sei traumlos. Das halte ich aber für unbewiesen.

So berichtet uns der Leib, wenn wir richtig in ihm lesen, auch Erfreuliches, vom Tod, aber auch vom Leben, von Raum und Zeit, aber auch von ihrer Überwindung. Als Individuen sind wir allein, aber durch das Ewige in uns sind wir mit allem verbunden, was lebt.

Entfaltung

In der Mythologie hören wir immer wieder von einem Baum. Vom Baum des Lebens, der Erkenntnis, des Schicksals, vom Feigenbaum Buddhas, von der Weltesche Ygdrasil der Edda. Der Baum und seine Verzweigung ist ein Archetyp, ein Inhalt des kollektiven Unbewußten *Jungs*, ein urtümliches Bild in der Mythologie und in der ganzen Natur, auch als Stammbaum, und in unserer Zivilisation mit ihren Zweiggebieten in Wirtschaft, Wissenschaft usw. Der Baum veranschaulicht, wie etwas aus einer schöpferischen Mitte kommt und schrittweise in die Welt der Vielfalt hineinwächst. Es ist der Weg vom Samenkorn zum entfalteten Wesen. Auch uns ist sein Bild eingeprägt, als Gliederung, als Nervensystem, als Gefäßsystem, als Bronchialbaum.

Während der Stamm unverändert feststeht, schwanken Zweige und Blätter im Wind. Die Blätter fallen ab, der Stamm bleibt. So verbindet der Baum das Feststehende mit dem Wechsel, das Ewige mit der Zeit, das Ursprüngliche mit der Welt der Entwicklung und Zersplitterung und des Leidens.

Die Bedeutung der Symmetrie

Legen Sie mal Ihre beiden Hände zusammen. Die Finger zeigen nach vorn, die Daumen nach oben. Die Handflächen sind einander zugekehrt. Finger und Daumen zeigen jeweils in gleiche Richtung, aber die Handflächen stehen sich entgegen. Zwei räumliche Dimensionen gleichsinnig, aber die dritte entgegengesetzt. Legen wir also die Hände anders, zum Beispiel auf den Bauch mit abgespreizten Daumen. Aber dann stimmen die Finger nicht. Oder wir drehen die Handflächen nach oben oder unten. Aber dann stimmen die Daumen nicht. Wir können die Hände drehen wie wir wollen — immer stimmt etwas nicht. Nie ist es möglich, alle drei Dimensionen zugleich in Einklang zu bringen. Immer gibt es ein Aber. Spielerei? Alles selbstverständlich? Ja, aber was sagt uns das?

Auch im Leben ist es ja nie möglich, alles miteinander in Einklang zu bringen. Auch sonst stimmt immer etwas nicht, ist immer etwas unvollständig, fehlt immer etwas. Dem jagen wir ständig nach. Kaum ist etwas erreicht, fehlt es woanders. Kaum ist dies nachgeholt, fehlt es wieder woanders. So sind wir immer in Bewegung, kommt Bewegung in die Welt. Die Erddrehung will beleuchten, was dunkel war (Sonnenaufgang). Dafür muß ins Dunkel tauchen, was hell war (Sonnenuntergang). Das Leben ist unvollkommen. Es kann gar nicht anders sein. Die Hände zeigen uns, warum. Unvollkommenheit ist Folge unserer symmetrischen Entfaltung. Die Unvollkommenheit dieser Welt ist der Preis für unsere Verwirklichung in Raum und Zeit, für unsere raumzeitliche Entfaltung. Alles hat seinen Preis. Verwirklichung wurde mit dem Opfer von Möglichkeiten erkauft. Mit der ersten Teilung der befruchteten Eizelle fing es an. Es entstanden die Richtungen rechts und links. Das war die erste Entstehung der Gegensatzpaare in uns. So kam es zur Symmetrie, zur bilateral-symmetrischen Anordnung der Körperteile.

Auch die inneren Organe sind im Embryo zunächst paarigsymmetrisch angelegt. Zunächst herrscht auch hier noch Ebenmaß und inneres Gleichgewicht, eine Art Gleichberechtigung beider Seiten. Als erstes verläßt bezeichnenderweise das Herz, das rhythmische Organ, diese Harmonie. „Das Herz fängt nun durch Eigenwachstum an sich zu krümmen (die erste Asymmetrie des Embryonalkörpers . . .) . . ." [13, S. 162]. Auch das Gefäßsystem ist ursprünglich völlig symmetrisch und verläßt nun die Symmetrie (S. 171). Es folgt der „anfänglich symmetrische Darm" (S. 116) und andere Organe. Auch hier findet also eine Verschiebung statt.

Das heißt doch: äußerlich sind wir noch symmetrisch, in unserem Innern aber nicht! Innerlich sind wir einseitig geworden. Das sehen wir aber nicht. Auch nicht, daß wir seelisch einseitig geworden sind. Wer wollte das leugnen. Die Träume zeigen es uns. Sie halten uns einen Spiegel vor. Im Spiegel sieht man sich, aber seitenverkehrt. Das Spiegelbild ist symmetrisch zum Original. In den Träumen spiegeln sich frühere oder jüngste Erlebnisse oder beides, aber seitenverkehrt und dadurch ausgleichend-kompensatorisch wie früher schon ausführlich besprochen wurde.

Die unbewußten Vorgänge und das Bewußtsein „ergänzen sich gegenseitig zu einem Ganzen, zum Selbst" [16, S. 98]. Das ist die Mitte zwischen den Gegensätzen, aus der wir hervorgegangen sind. So ist auch die körperliche Symmetrie ein sinnfälliger Ausdruck unserer Herkunft aus einer Mitte. Die Symmetrie ist ein vieldeutiges Zeichen. Sie bekundet Geburt und Tod zugleich, Einheit und Polarität, Gottesnähe und Sterblichkeit, Verbundenheit mit dem ewigen Urgrund und individuelle Vereinzelung. Sie deutet an, woher wir kommen und wohin wir gehen. Durch die Spiegelgleichheit seiner Seiten weist sich ein Lebewesen als lebendig und zugleich vergänglich aus.

Auch die Symmetrie ist doppelsinnig. Sie zeigt nicht nur Zwiespalt und Unvollkommenheit an, sondern auch Ebenmaß und Harmonie. Darum befriedigt uns ihr Anblick in der Natur und in der Kunst. Hier empfinden wir dann Ausgleich und Gleichgewicht. Auch die Tier- und Pflanzenwelt stehen sich polar gegenüber.

Symmetrie und Rhythmus

Was die Symmetrie räumlich, ist in der Zeit der Rhythmus. Wie die Symmetrie räumliches Gleichmaß ist, so der Rhythmus ein zeitliches. Auch zeitliche Entfaltung nach zwei Seiten. Wie die Symmetrie zugleich auf Vollkommenheit und Unvollkommenheit hinweist, so auch der Rhythmus. Rhythmische Tätigkeit gilt als grundlegende Eigenschaft alles Lebenden.

Das klassische rhythmische Organ ist das Herz. Die Mißachtung natürlicher Lebensrhythmen wird mit einer Zunahme der Herzinfarkte bezahlt. Das Bewußtsein hat sich eingemischt in Bereiche, für die es nicht zuständig ist. Die Nacht wird zum Tag gemacht. Hetze und Hektik traten an die Stelle rhythmisch-natürlicher Arbeitsabläufe. Die Jahreszeiten scheinen keine Rolle mehr zu spielen. Flugreisen überspringen die Zeitdifferenz.

Den drei räumlichen Ausdehnungen entsprechen im menschlichen Leib die drei Ebenen mit den Rhythmen Gang, Atmung und Schlafen-Wachen. Die erste ist die senkrecht verlaufende Medianebene und scheidet rechte und linke Seite. Sie ist die eigentliche Symmetrieebene des Körpers und bezieht sich vorwiegend auf das Bewußtsein und damit auf die unvollkommene Seite des Lebens. Beim Gehen, das zwar weitgehend automatisch, aber doch willkürlich erfolgt, verlagern wir unseren Schwerpunkt abwechselnd nach links und rechts, mal auf die Seite des Herzens, mal auf die des Verstandes. (Auf die vielen heute bekannten physiologischen Einzelheiten brauchen wir hier nicht einzugehen.)

Die zweite Ebene verläuft horizontal und ist durch das Zwerchfell angedeutet. Es scheidet die obere und untere Körperhälfte voneinander. Zwischen ihnen besteht eine mittlere, gleichsam halbe und undeutliche Symmetrie im Hinblick auf die Extremitäten. Zwischen ihnen liegt oben der Kopf und unten polar gegenüber die Sexualorgane und die der Ausscheidung. Bei der Atmung wird einmal der obere, einmal der untere Raum vergrößert und so der „Schwerpunkt" wechselweise zur geistigen oder animalischen Seite verlegt.

Die dritte ist die senkrecht verlaufende Ebene zwischen Vorder- und Hinterseite. Sie sind nicht symmetrisch. Ihnen entsprechen Bewußtsein und Unbewußtsein, Wachen und Schlafen, Tag und Nacht. Es ist sozusagen der kosmische Rhythmus, den wir normalerweise nicht in der

„Hand" haben. Der „Schwerpunkt" verlagert sich dabei wechselnd zur bewußten und unbewußten Seite.

Die erste Ebene ist die Symmetrieebene, aktiv und diesseitig. Die dritte ist ohne Symmetrie, passiv, zur Hälfte jenseitig. Die mittlere vermittelt in der Atmung. Die Erlebnisse der ersten Ebene sind vorstellbar und sagbar (Bewußtsein). Die der mittleren, des Gefühlslebens sind vorstellbar aber oft unsagbar. Die der dritten sind großenteils unvorstellbar und unsagbar (Träume). Meister *Eckehart* (S. 143) sagt: „Es gibt ein Wort, das ist ausgesprochen. . .; es gibt ein zweites Wort, das ist gedacht aber unausgesprochen. . .; und es gibt noch ein drittes Wort, das unausgesprochen und ungedacht ist . . . Sondern es ist ewiglich in dem, der es spricht: im Vater."

Wie bei der Symmetrie finden wir auch im Rhythmus das Gesetz der Umkehrung. Die gegensinnige Bewegung der Gliedmaßen beim Gang will das Gleichgewicht erhalten helfen. Es ist, als wollten sich die oberen Gliedmaßen nachträglich nach den unteren richten, während diese ihnen schon wieder um eine halbe Phase voraus sind. Als Umkehrung sieht das dann so aus: es befindet sich beim Auftreten mit dem linken Bein

linkes Bein vorn	linker Arm hinten
rechts Bein hinten	rechter Arm vorn

beim Auftreten mit dem rechten Bein

rechtes Bein vorn	rechter Arm hinten
linkes Bein hinten	linker Arm vorn

Ebenso schreiten auch die Dinge in der Zeit fort; man spricht vom Fortschritt der Menschheit, vom Gang der Geschichte. Den Fortschritt stellt man sich irrtümlich geradlinig vor. Man denkt nicht an die gegensinnigen Bewegungen. *C.G. Jung* schreibt [15, S. 620/621]: „Mit Enantiodromie bezeichne ich das Hervortreten des unbewußten Gegensatzes, namentlich in der zeitlichen Folge. Dieses charakteristische Phänomen findet beinahe überall da statt, wo eine extrem einseitige Richtung das bewußte Leben beherrscht, so daß sich in der Zeit eine ebenso starke unbewußte Gegenposition ausbildet, welche sich zunächst durch Hemmung der bewußten Leistung, später durch Unterbrechung der bewußten Richtung äußert." Das bekannteste Beispiel ist die Bekehrung des *Paulus*. Auch in der gegenwärtigen Geschichte kann man ja genü-

gend derartiges beobachten. So wurde für die Technik die Seele preis-
gegeben.

Der Gang, auch der der Ereignisse, entspricht der Beleuchtung und
Drehung der Erde. Von ihr haben wir Symmetrie (Unvollkommenheit)
und Rhythmus (Unruhe). Sie ist symmetrisch zur Hälfte hell, zur
Hälfte dunkel, wie eine „bewußte'' und eine „unbewußte'' Seite. Ihre
Bewegung ist rhythmisch und gibt uns Jahres- und Tageszeiten, Tag
und Nacht, Wachen und Schlafen, Öffnen und Schließen der Augen,
bewußtes und unbewußtes Leben. Das sieht dann so aus:

Wo Tag ist, ist auch Nacht, *aber* zu anderer *Zeit (verschoben);*
Wenn Tag ist, ist auch Nacht, *aber* an anderem *Ort (verschoben).*

Die Erde ist zur Hälfte hell, zur Hälfte dunkel — irdische Freuden
und Leiden halten sich letzten Endes die Waage. Was dunkel ist, wird
irgendwann hell, was hell ist, wird dunkel. Die Gegend bleibt dieselbe,
das Licht wechselt. Das Licht bleibt dasselbe, die Gegenden wechseln.
Sonnenauf- und Untergang, Geburt und Tod. Was heute richtig ist,
kann morgen falsch sein. Was heute falsch ist, kann morgen richtig
sein. Was hier richtig ist, mag dort falsch sein. Was hier falsch ist, ist
vielleicht dort richtig. Das sollten wir bei unserem Tun mehr beachten.
Dann haben wir weniger Schwierigkeiten und Enttäuschungen. Denn
eins dürfen wir nicht vergessen: wir können die Hände halten wie wir
wollen — immer stimmt es irdendwo nicht. Immer besteht irgendwo
Nachholbedarf. Aber so kommt ja Bewegung in die Welt. Kaum ist etwas erreicht, fehlt es woanders. Wir haben aber keinen Grund, darüber
unglücklich zu sein. Wer das eine will, muß das andere lassen. Jeder
Fortschritt wird erkauft mit einem Rückschritt wo anders — wie die gegensinnige Bewegung der Gliedmaßen. Wenn man das weiß, fallen Ent-
scheidungen leichter. Eine scheinbar falsche Entscheidung bringt fast
zwangsläufig Vorteil auf der anderen Seite — wie auf der anderen Erd-
hälfte. Auch Verzicht, wo er nötig ist, fällt leichter, wenn man die Naturgesetze beachtet. Kein Verzicht ohne Gewinn. Alles hat seinen Preis.
Die Erddrehung veranschaulicht es uns. Sie taucht ins Dunkel, was hell
war, und umgekehrt. Davon sollten wir uns nicht zu abhängig machen.
Denn die Sonne selbst hat keine Schattenseite. Sie ist immer da, sichtbar oder unsichtbar, unerschöpflich, und unentgeltlich für alle.

Die Atmung

Was ist über die Atmung nicht schon alles geschrieben worden! Sie ist ja das Schulbeispiel rhythmischen Geschehens. Außerdem nimmt sie in mehrfacher Hinsicht eine Mittelstellung ein. Das Zwerchfell liegt ja in der Mitte und entspricht der oben besprochenen mittleren Ebene. Die Atmung erfolgt teils willkürlich, teils unwillkürlich, halb bewußt, halb unbewußt — so ist sie eine Brücke zum vegetativen Nervensystem. Sie arbeitet dauernd und verbindet so die Tag- und Nachtseite des Lebens. Die beiden Lungenflügel verbinden aber auch die linke und rechte Seite, die des Herzens und die des Verstandes und die Atemluft verbindet als Sprache die Wärme der Stimme mit der Klarheit des Wortes.

Auch in der Musik ist diese Mittelstellung zwischen Bewußtsein und Unbewußtsein erkennbar. So kommt der Gesang aus der Tiefe wie die Luft aus der Lunge, getragen von der Begleitmusik, von dem halb unbewußten Dreitaktrhythmus der Herztätigkeit mit Systole, Diastole und Herzpause, oder vom Zweitaktrhythmus des Ganges, mit der Atmung eng verbunden wie Melodie und Rhythmus. Und wie das Bewußtsein auch anatomisch das Unbewußte überlagert, so werden die „höheren" Töne bewußter und lauter gehört, so lagert sich die Melodie als führende Stimme über die anderen oder über die Begleitung. So ruht auch bewußtes Erleben auf dem Hintergrund unbewußter Regungen und Stimmungen, die ihm erst die Farbe geben. Und wie das Bewußtsein nach dem Sonnenlauf, also nach rechts orientiert ist, so sind auf der Klaviatur die hohen Töne rechts, die tiefen links.

Wie die Atmung und auch die übrigen lebensnotwendigen Vorgänge größtenteils selbsttätig verlaufen, so könnte auch in unserm Tageslauf, in unserer täglichen Arbeit vieles wie von selbst geschehen und ohne zu große Anstrengung. In der Meditation spricht man vom „Geheimnis der Mühelosigkeit" (*Müller-Elmau*). Es besteht darin, vorhandenen Schwung auszunutzen und mit dem Strom zu schwimmen. Die Atmung lehrt es uns. Dann fließen uns unerwartete neue Kräfte zu wie die unsichtbare Atemluft. Wir müssen nur unnötigen Ballast abwerfen. Ohne ihn kommen wir leichter durch die Türen. Der Schnitt macht den Obstbaum erst fruchtbar.

Die Luft, die wir atmen, ist immer und für alle da, kostenlos, ein kostbares Geschenk der Natur — wissen wir es zu schätzen, obwohl es unsichtbar ist? Oder muß die Luft noch mehr verschmutzt werden? Hier gibt es — unter natürlichen Verhältnissen — keinen Konkurrenzkampf wie um das tägliche Brot. Wir können ja die Luft nicht mit Händen greifen. Wer Begehrtem nachjagt, zu sehr an das denkt, was er sich wünscht, wer Glück sucht, handelt sich Unzufriedenheit ein, Verstimmung und Unglück. Verhalten wir uns aber passiv, machen uns in schwierigen Zeiten innerlich leer und tun nur das Nötige, rufen wir den Erfolg herbei, so wie die Luft zu uns hereinkommt, während wir uns einatmend zurückziehen. Wie die Luft unsichtbar ist, so kommt, was wir brauchen, oft von unerwarteter Seite. Kommt es nicht so, wie man dachte oder wollte — genug anderes hält das Schicksal bereit, Luft ist immer da.

Hier ist das unerschöpfliche Reich der Atmung und des Geistes (Pneuma), wo Haß und Eigensucht schweigen, das Reich der Gemeinsamkeit über die individuellen Grenzen hinaus. Denn wir atmen alle *eine* Luft und leben in *einem* Sonnenschein. Fühlt man sich auch manchmal eingeengt wie die Atemluft im Brustkorb, wie der Geist in der Materie, wie die Ewigkeit in Zeit und Raum, wie das Unsichtbare in der Unvollkommenheit alles Irdischen — innerem Drang folgend in einem Augenblick hervorbrechenden Lebenshungers atmet man auf, den Brustkorb erweiternd zur Befreiung aus den materiellen Fesseln individuellen Daseins. Durch die Atmung sind wir mit allem verbunden.

Das Bedürfnis zur Einatmung und das zur Ausatmung folgen aufeinander. Aber nicht getrennt, sondern sich überschneidend. Schon während der Einatmung entsteht mit zunehmender Kohlensäureanreicherung des Blutes der Wunsch nach Ausatmung, zuerst unbewußt, dann immer deutlicher, bis er das Übergewicht erhält und die Ausatmung bewirkt. Während der Ausatmung ist dann das Umgekehrte der Fall. Es ist wie wenn bei der Schwingung eines Pendels potentielle und kinetische Energie wechseln. Es ergibt sich also dasselbe Bild wie bei der schon besprochenen „Enantiodromie", den Atemzügen der Seele und der Geschichte durch Hervorkommen des zunächst unbewußten Gegenteils.

So kommt keine von beiden, weder die Ein- noch die Ausatmung, jemals zur vollkommenen Befriedigung. So sind wir also nie zufrieden. Das kann auch in dieser Welt nicht sein, es würde ja Stillstand bedeuten. Die Gegenphase zwingt zur Umkehr, ehe durch die Einatmung die

Lunge vollständig mit Luft gefüllt ist (Vitalkapazität), beziehungsweise ehe die Ausatmung die Lunge vollständig entleert hat. Es bleibt also immer ein unerledigter Rest. Wir nennen ihn den Komplementärraum der Lunge. Ins Psychische übertragen heißt das: Wir verwirklichen nie alles. Auch hier bleibt immer ein unerledigter Rest. ,,Der Mensch macht vom Vermögen seines Gehirns wahrscheinlich nur zu einem Teil Gebrauch (*Müller-Elmau* S. 36).'' Der Komplementärraum der Lunge veranschaulicht den Unterschied zwischen dem höchsten Maß der Veranlagungen und der Möglichkeit ihrer praktischen Verwirklichung. Die Reserveluft veranschaulicht, wie weit der Mensch gewöhnlich davon entfernt ist, von allen seinen Möglichkeiten Gebrauch zu machen. Die Atmung ist symbolisch auch für grundlegende geistige Verhältnisse.

Die Ernährung

Auch über die Ernährung ist schon viel gesagt worden. Aber eins scheint mir wichtig. Auch an der Ernährung hat das Bewußtsein nur einen kleinen Anteil. Alles andere vollzieht sich größtenteils unbewußt. Auch hier sehen wir wieder das Größenverhältnis des Bewußtseins zum Unbewußten. Das sollten wir nicht vergessen. Das Wort ,,Kochen ist viel Arbeit, gegessen ist es schnell'' übersieht das. Man denkt nicht an die Verdauung, die ja auch dazu gehört. Wir sollten das Bewußtsein nicht überschätzen und auch im übrigen Leben wohl das Nötige tun, das weitere aber dem Schicksal überlassen. Essen, aber, wenn wir nicht krank sind, nicht daran denken, was daraus wird. Zur richtigen Zeit das Richtige tun. Säen, aber dann wachsen lassen. Nicht uns verantwortlich fühlen für das, was außerhalb unserer Möglichkeiten liegt. Sonst gibt es Störungen. Im leiblichen Bereich Verdauungsstörungen und auch Störungen mit und in der Umwelt. Sonst haben wir manches zu ,,verdauen''. Kein Wunder, wenn man krank wird oder die Dinge nicht nach Wunsch gehen. Die Wünsche entsprechen ja großenteils dem Triebleben. Unser Skelett ist fest, die Sinnesorgane beständig, und doch gibt es keine feststehenden Werte. Gewünschtes kann nach Sättigung wertlos werden. Ein Gegenstand ist am schönsten, solange die Sonne drauf scheint, auch die Sonne unseres Verlangens. Aber wir können das Licht nicht in Säcke füllen. Halten wir aber an dieser Illusion fest, dann gibt es Disharmonie wie auch zwischen Mund und Magen. Der Mund will noch mehr, aber der Magen sagt Halt! Wir sollten besser auf ihn hören. Und auch im allgemeinen mehr auf die innere Stimme hören, die uns sagt, ob und wann wir etwas tun sollen und wieweit wir gehen dürfen. Dann bleiben wir im Einklang mit dem Schicksal und der Umwelt und ernten keine Enttäuschung. Nicht draußen und auch nicht innen.

Die Sexualität

Über das Geschlechtliche in körperlicher und geistiger Hinsicht und über die Geschlechtsunterschiede ist zu allen Zeiten soviel gesagt und geschrieben worden, daß es naiv wäre zu glauben, dem noch Nennenswertes hinzufügen zu können. Aber vielleicht interessieren doch einige Gesichtspunkte. .

Irdisches Leben ist durch *Verdichtung* und *Verschiebung* möglich, aus dem Zusammenwirken von Sonneneinstrahlung und Erdoberfläche. Nach diesem Vorbild vollzieht sich die geschlechtliche Fortpflanzung in der Tier- und Pflanzenwelt: die Blütenpollen verschwenderisch wie die Sonnenstrahlen, die Narbe der Blüte begrenzt wie alles Irdische.

Zunächst aber — um jetzt wieder vom Menschen zu sprechen — sind die Urkeimzellen im vorerst noch ca. 5 mm langen Embryo ungeschlechtlich. ,,Eine geschlechtliche Differenz ist frühmorphologisch anfangs weder an den Drüsen noch sonst im Körper nachweisbar (indifferentes Stadium)'' [13, S. 152]. Und nun vergleichen Sie die platonische Sage von der ursprünglichen Vollständigkeit der Menschen. Bei *Dethlefsen* (S. 185) heißt es: ,,Das Paradies ist das Symbol für die Einheit, in der der Mensch ursprünglich war. Er war noch nicht von Gott, seinem Ursprung, getrennt, es gab noch keine Trennung der Geschlechter, es gab noch keine Erkenntnis der Individualität''. Dann erst kommt es in der Embryonalentwicklung zur Ausbildung des Geschlechts. Von der ursprünglichen Anlage des anderen Geschlechts bleiben aber Reste zurück, z.B. die Klitoris der Frau bzw. die Brustwarzen des Mannes. Merkwürdigerweise hat die Tiefenpsychologie Entsprechendes entdeckt, den unbewußten seelischen weiblichen Anteil des Mannes und entsprechend unbewußt männliches bei der Frau, als Anima und Animus bezeichnet. Sie sind Inhalte des kollektiven Unbewußten (S. 40).

Auch ist von Bedeutung, daß die Sexualorgane in der Mittellinie des Körpers liegen und im Verborgenen, und daß der Akt normalerweise nachts und liegend ausgeführt wird. Dadurch kommt seine Nähe zum Unbewußten und zur schöpferischen Mitte zum Ausdruck. Diese Mitte vereinigt noch die Gegensätze in sich. Darum ist auch der Vorgang der Befruchtung und Verschmelzung von Ei- und Samenzelle doppelsinnig. Er liegt einerseits in der Fülle der Möglichkeiten jenseits der Gegensätze, führt aber andererseits auch zur ,,Fleischwerdung'' eines neuen sterblichen Individuums, das sich von seiner ursprünglichen Mitte mehr und mehr entfernt. So kam es zur jahrhundertelangen Entzweiung von Religion und Eros, und Ströme von Tinte sind über dieses Thema geflossen. Aber *Schubart* [28, S. 244] schreibt: „Derselbe Akt, der die Kreatur in ihrer Vereinzelung verewigt, erlöst sie auch aus ihrer Vereinzelung".

In sich doppelwertig, steht die Sexualität zugleich auch dem Bewußtsein polar gegenüber: der Kopf oben, die Sexualorgane unten, der Kopf frei, die Sexualorgane verborgen, der Kopf zur Sonne, die Sexualorgane zur Erde gerichtet, oben Tag, unten Nacht, das Bewußtsein aufrecht, der Sexualakt liegend, oben Aufnahme von Sinneswahrnehmungen, Luft und Nahrung, unten Ausscheidung von Kot und Urin, aber auch Same und Geburt (inter faeces et urina nascimur — zwischen Kot und Urin werden wir geboren); schon in der Entwicklung sprechen wir vom „Urogenitalapparat". Auch vom Zyklus der Frau ließe sich vielleicht noch viel sagen. Mit einem Wort: oben — Erhaltung des Individuums, unten — Erhaltung der Art; oben die sparsame, unten die verschwenderische Seite der Natur.

Der Leib als Symbol

Da nicht nur die persönlichen, sondern auch die allgemein-menschlichen Eigenschaften sowohl körperlich als auch psychisch durch die Erbanlagen bestimmt sind, ist es kein Wunder, wie sehr sich Psyche und Leib entsprechen. Wie wir gesehen haben, sind nicht nur die Besonderheiten des Tagesbewußtseins, sondern auch die charakteristischen Eigenschaften des Unbewußten, die Symboleigenschaften der Träume wie *Verdichtung, Verschiebung, Verteilung, Umkehrung* und *Doppelwertigkeit* im Leib auch des Erwachsenen wiederzufinden. Das läßt sich an vielen Einzelheiten nachweisen. Dazu noch einige weitere Beispiele.

Die Nervengeflechte für die obere und untere Extremität erhalten ihre Fasern bekanntlich aus dem Rückenmark. Und zwar dergestalt, daß aus den Halsabschnitten des Rückenmarks (Zervikalsegmente C 5 bis C 8) die Nervenfasern für die drei großen Armnerven *Radialis, Medianus* und *Ulnaris* (und einige kleinere Äste) kommen. Nun könnte man denken, es wäre doch am einfachsten, wenn aus je einem Halssegment, das ja zwischen zwei Wirbeln herauskommt, je ein Nerv versorgt würde. Das wäre dann die lineare Denkweise des Bewußtseins. Aber sie hat mit dem Unbewußten nicht gerechnet! Es ist nämlich in Wirklichkeit so, daß aus allen, also aus je *einem* Segment Fasern zu *allen* Armnerven verlaufen. Die Übereinstimmung mit der *Verteilung* im Traum ist doch sehr auffallend! *Umgekehrt* ausgedrückt: in allen, das heißt in je *einem* Armnerven vereinigen sich Fasern aus *allen* Segmenten. So gesehen entspricht das der *Verdichtung*. Dabei verlaufen motorische und sensible Nervenfasern, also für Bewegung und Empfindung funktionell in entgegengesetzter Richtung: motorische vom Zentrum zur Peripherie (zentrifugal), sensible *umgekehrt* (zentripetal), so daß sich bei ihnen auch *Verteilung* und *Verdichtung* umgekehrt zueinander verhalten. Zugleich fand hier auch eine *Verschiebung* statt: Die Nervenfasern aus den betreffenden Segmenten verlagerten sich zu Fasern benachbarter Herkunft um sich mit ihnen zu einem Nerven zu vereinigen. Wir erinnern uns: *Verschiebung* ist die Verlagerung eines Gedanken oder Tatbestandes in einen anderen Zusammenhang als zuvor. Im *Plexus brachialis*, im Armnervengeflecht, haben wir also die traumartigen Symboleigenschaften in Reinkultur.

Es wäre nun sehr merkwürdig, wenn es bei der unteren Extremität anders wäre. Hier verlaufen Nervenfasern vom 5. Lendenabschnitt (Lumbalsegment L 5) und 1. bis 3. Kreuzbeinabschnitt (Sakralsegmente S 1 bis S 3) über den *N. ischiadicus* zu den beiden Hauptnervenästen *N. peronäus* und *N. tibialis* (und einigen kleineren Ästen), auch hier wieder im Sinn der *Verteilung* und *Verdichtung*.

Die Struktur der Nervengeflechte der Extremitäten erinnert mich entfernt an einen Stammbaum, Trennung und Vereinigung, immer wieder frisches Blut in die Familie. Das ist die Fruchtbarkeit der *Verschiebung*.

In vielen inneren Organen sind vielerlei Aufgaben vereinigt, verdichtet. Es ist erstaunlich wie das geleistet wird. Das klassische Beispiel ist die Leber. Um nur einiges zu nennen: der Abbau und Wiederaufbau von Eiweiß, ihre Rolle im Zuckerstoffwechsel, ihre entgiftende Funktion, die Erzeugung von Galle. Auch die Schilddrüse hat vielseitige Aufgaben. Vom Blut war schon die Rede. Im Gehirn steuert der Hypothalamus die Funktion der endokrinen Drüsen, reguliert willkürliche Bewegungen und ist außerdem Zentrum für Hunger und Durst [24, S. 81].

Viele Beispiele von *Verteilung* wurden schon genannt. Die Blutbildung erfolgt in der Milz *und* im Knochenmark. Der Schlaf hängt von vielen Gehirnbereichen ab [24, S. 86].

Und nun die Umkehrungen! Auch darüber wurde schon viel gesagt. Weitere Beispiele. Das Licht wird mehr aktiv vom Auge wahrgenommen, kann aber nicht erzeugt werden, während umgekehrt das Ohr nur passiv wahrnimmt, Schall aber (durch die Stimme) aktiv erzeugt werden kann. Wahrnehmung und Wille verhalten sich gegensinnig in Bezug auf die Richtung, aber auch auf die Zeit. Während die Vergangenheit für den Willen unabänderlich ist, ist sie der inneren Wahrnehmung, der Erinnerung, zugänglich. Demgegenüber ist umgekehrt die Zukunft dem bewußten Blick undurchdringlich, kann aber durch den Willen mitgestaltet werden.

Die Ernährung vollzieht sich in *einer* Richtung und besteht aus zwei Teilen, der willkürlichen Nahrungsaufnahme und der unwillkürlichen Verdauung. Umgekehrt ist die Atmung willkürlich und spontan zugleich, macht aber in der Ein- und Ausatmung *zwei* entgegengesetzte Wege. Während die Umkehrung in der Atmung zeitlich verläuft, d.h. nacheinander, besteht sie im Kreislauf als arterielles und venöses Blut räumlich, nebeneinander.

Symbolik auch in der Homöopathie

Weite Kreise haben inzwischen längst erkannt, daß die bisherige einspurig-lineare Denkweise in vielen Fällen zur Erzielung von Heilerfolgen auf die Dauer nicht ausreicht. So sagt *M. Blohmke* in ihrem Festvortrag zur 136. Jahrestagung des Deutschen Zentralvereins homöopathischer Ärzte in Münster im Mai 1984 u.a.: „Nicht nur in der Wirtschaft, sondern auch in der Medizin macht uns dieses mangelnde Denkvermögen im Umgang mit Unbestimmtheit und Komplexität die größten Schwierigkeiten. Es wird bisher nur in Wirkungsketten und nicht in Wirkungsnetzen gedacht." Und weiter: „. . . wir brauchen eine neue Theorie der Therapie. . . . In der Politik und Wirtschaft kam es als Folge des monokausalen Denkens zur Zerstörung von Luft, Wasser, Boden usw. Wir müssen also lernen, den menschlichen Organismus als ein vernetztes System zu betrachten, das heißt vernetzt zu denken." „Wir brauchen eine neue Theorie." — Hier ist eine! (Oder haben wir schon genug Theorien?)

Wenn es wahr ist, daß der Leib ein Symbol ist, dann muß sich das auch in der Heilkunde widerspiegeln. Jedenfalls in einer ganzheitsbezogenen Heilkunde. Das sehen wir deutlich am Beispiel der Homöopathie. Sie wirkt, wie man weiß, bis tief in seelische Bereiche hinein, und wir erkennen daran ihre Nachbarschaft zur Tiefenpsychologie. Und hier lernten wir ja zuerst die Symboleigenschaften kennen. Was liegt also näher, als diese Eigenschaften auch in der Homöopathie zu vermuten?

Die Grundlage der Homöopathie ist bekanntlich die Ähnlichkeitsregel. Sie besagt: In einem Krankheitsfall ist diejenige Arznei homöopathisch angezeigt, die in Ursubstanz bei einem Gesunden eine ähnliche Störung bewirken würde. Hier haben wir schon eine *Umkehrung*: Vergiftung durch eine Substanz (pflanzlicher, mineralischer oder tierischer Herkunft) in einem Fall (beim Gesunden), aber Heilung durch eine Potenz (stufenweise Verdünnung und Verschüttelung) derselben Substanz. Die geläufigsten Beispiele aus dem Alltagsleben: Kaffee macht Herzklopfen und Wachheit. Eine Schlafstörung als *hätte* man Kaffee getrunken, wird durch Coffea, etwa D 12, behoben. — Die Zwiebel entlockt Tränen beim Schneiden in der Küche und auch die Nase macht mit. Ein Schnupfen dieser Art — als *hätte* man Zwiebel geschnitten —

wird durch Cepa (Zwiebel) D 6 schnell beseitigt. Auch hier liegt der Ton auf dem *Hätte*. Nicht Gleichheit, sondern Ähnlichkeit. Sie bedeutet zugleich *Verschiebung* wie beim binokularen Sehen, beide Augen zusammen sehen plastisch, zwei Bilder zu einem vereinigt, jedes ein wenig nach rechts bzw. links verschoben.

Auch *Verteilung* und *Verdichtung* finden sich in der Homöopathie. Bei der Wahl des der zu behandelnden Krankheit möglichst ähnlichen Heilmittels lassen wir uns von den wichtigsten, den „Leitsymptomen" leiten, vorherrschenden Krankheitserscheinungen, die durch das ganze Krankheitsbild verteilt immer wiederkehren. Kalium bichromicum z.B. bewirkt und heilt Ausfluß zähen Schleims, woher er auch kommen mag.

Verdichtung: ein Finger ist z.B. entzündet, er ist rot, heiß, geschwollen und schmerzhaft. Alles wird zugleich durch *ein* Mittel geheilt, etwa Colchicum. Man sagt, das Mittel heilt die „Gesamtheit der Symptome". Dabei kann es aber zu einer anfänglichen vorübergehenden Verschlimmerung (Erstverschlimmerung) der Krankheitszeichen kommen, ein erfreuliches Zeichen einer guten Heilreaktion. Die anfängliche Wirkung des Heilmittels war also der späteren entgegengesetzt (*Umkehrung, Wirkungsumkehr*). Es kann auch vorkommen, daß ein Mittel je nach Fall oder Zustand gleichsinnig und gegensinnig wirkt, wie z.B. Digitalis (Doppelwertigkeit) bei schnellem, aber auch langsamem Puls.

Die Ganzheitsmedizin, besonders die Homöopathie, hat also „symbolischen" Charakter wie die Träume mit *Verdichtung, Verschiebung, Verteilung, Umkehrung* und *Doppelwertigkeit*. Das ließe sich noch an zahlreichen anderen Beispielen nachweisen, auf die wir hier der Kürze halber verzichten wollen.

Erinnern wir uns nun, daß das Symbol eine Brücke zum „Jenseits" ist. Und liegen nicht auch die homöopathischen Hochpotenzen jenseits dessen, was mit bisherigen Mitteln chemisch und physikalisch noch faßbar ist (mit besonderen Methoden ist inzwischen auch ihr Nachweis gelungen)? Nun verstehen wir auch die praktisch unbegrenzte Haltbarkeit homöopathischer Hochpotenzen. Und es leuchtet unmittelbar ein, warum homöopathische Heilwirkung so umfassend und dauerhaft ist.

Auch in der homöopathischen Literatur findet sich *Verdichtung* und *Verteilung*. Arzneimittellehre und Repertorium verhalten sich in dieser Hinsicht umgekehrt zueinander. Eine Arzneimittellehre ist eine Sammlung von Arzneimittelbildern. „Das Arzneimittelbild ist die Zusammenschau der Einzelerkenntnisse der Wirkung einer Arznei" (*Köhler*). Ein Repertorium, ein Symptomenverzeichnis also, ist eine Sammlung von Krankheitseinzelerscheinungen mit Angabe mehrerer jeweils dafür in Frage kommender homöopathischer Mittel. In der Arzneimittellehre enthält also je *ein* Arzneimittelbild *viele* Symptome; im Repertorium enthält umgekehrt je *ein* Symptom *viele* dafür in Frage kommende Mittel angegeben. Man kann auch kurz sagen: Was in der Arzneimittellehre verdichtet erscheint als Arzneimittelbild, findet sich im Repertorium auf die Symptome verteilt und umgekehrt.

Die Homöopathie hat wie man sieht lebendigen Symbolcharakter. Ihre Wirkung beschränkt sich nicht auf das raumzeitliche Dasein. Nur so ist ihre umfassende und tiefgreifende leibseelische Wirkung möglich. Sie wendet sich an die „Lebenskraft" *Hahnemanns*, an das Ewige in uns.

Zusammenfassung

Der menschliche Leib ist nicht nur individueller Ausdruck der Persönlichkeit, sondern entspricht darüber hinaus auch dem, was allen Menschen gemeinsam ist, der Art, die Welt in Raum und Zeit wahrnehmend und handelnd zu erleben. So verstehen wir nun, warum wir die Welt so und nicht anders erleben.

Dem Tagesbewußtsein steht aber der weite und unergründliche Bereich des Unbewußten gegenüber. Auch das veranschaulicht der Leib. Hier herrschen ganz andere Gesetze. Es sind die aus den Träumen bekannten Eigentümlichkeiten des Erlebens. Die Träume sind keine Hirngespinste, sondern spiegeln höchst lebendiges Geschehen in uns. Dieses Geschehen kommt aus dem ewigen schöpferischen Urgrund. Was dem Bewußtsein verworren erscheint, wird verständlich von der Mitte aus, so wie unser Planetensystem aus kopernikanischer Sicht einfacher wird. So erklärt es sich, daß und warum alles Lebende für das Auge des Bewußtseins die Symboleigenschaften der *Verteilung, Verschiebung, Verdichtung, Umkehrung* und *Doppelwertigkeit* aufweist. Was diese Eigenschaften nicht hat, ist kein Symbol in unserem Sinn. Ein Symbol ist also gleichsam ein Niederschlag, ein Ewiges, das durch das Prisma des Bewußtseins gegangen ist und dadurch verändert in Erscheinung tritt. Das Symbol ist also eine Brücke zwischen beiden Welten.

Das wird gezeigt an den Beispielen der Embryonalentwicklung, der Kindheit, der Entfaltung des Individuums, der Symmetrie, des Rhythmus, der Atmung, des Schlafes, der Ernährung, der Sexualität und der Homöopathie.

Die Aussagen der Mystiker und die Mythen und Sagen vergangener Zeiten sind keine bloßen Phantasien, sondern lebenswahrer Ausdruck des allen Menschen gemeinsamen kollektiven Unbewußten, das im Leib seine Entsprechung und reale Grundlage hat. Die Betrachtung des Leibes und die Entzifferung seiner Geheimschrift lehrt uns, uralte Streitfragen zu entscheiden und die Gesetze des Lebens besser zu verstehen und uns entsprechend zu verhalten. Die „höheren Welten" der Anthroposophie und der Yogalehren finden ihre Bestätigung. Nun verstehen wir auch Telepathie und Hellsehen. „Jede Kreatur ist Gottes voll und ist ein Buch" [8, S. 143].

Der Leib weist also über die individuellen Grenzen hinaus und zeigt die Größe des Unbewußten im Verhältnis zu unseren bewußten Anschauungsformen. Er läßt sich deuten wie ein Traum. Er steht in der Welt der Gegensätze und zugleich jenseits davon. Er ist veränderlich und beständig, abgesondert und allverbunden. Hier ist der neutrale Boden, der die Gegensätze vereinigt; hier durchdringen sich Ewigkeit und Zeit, Religion und Naturwissenschaft, Einheit und Entfaltung wie das Blut die Organe, der lebendige Geist den beseelten Stoff. So ist das Leben Begegnung zwischen Sonne und Erde, fleischgewordenes Jenseits, Unsichtbares und Sichtbares, Verwirklichung in Raum und Zeit. Darum sind *Siegfried* und *Herakles* Söhne eines Gottes und einer irdischen Mutter. Darf auch Jesus hier genannt werden? Vergängliches und Unvergängliches sind keine getrennten Welten und kein Widerspruch. Wieweit etwas vergänglich ist oder nicht, hängt davon ab, wie wir es erleben.

Schlußwort

Da wir nun ein so herrliches Symbol haben wie den Leib, der uns soviel kaum zu fassende Lebensweisheit offenbart, sollten wir ihn nicht vernachlässigen oder mißbrauchen. Die erstaunlichen Fortschritte der Medizin können nicht darüber hinwegtäuschen, wie sehr die Krankheitshäufigkeit zugenommen hat. Der Ursachen sind viele. Eine davon ist eine teils zu einseitig bewußtseinsorientierte Medizin. Der Blickpunkt richtet sich da immer auf nur *eine* Krankheitsursache oder -erscheinung und dementsprechend auf je *eine* medikamentöse Wirkung. Aber die Nebenwirkungen bleiben nicht aus. Die Ganzheit, die Gesamtheit aller Faktoren wird zuwenig beachtet.

Alle die großen und laut verkündeten Vorhaben in Politik, Wirtschaft, Forschung und Technik können nur verwirklicht werden, wenn diejenigen, auf die es ankommt, einigermaßen gesund bleiben. Aber davon ist nie mit einem Wort die Rede. Daran wird nicht gedacht. Das wird stillschweigend vorausgesetzt. Das wird nicht gesehen, wie wir die Luft nicht sehen, die wir atmen und doch so nötig brauchen. Eine Selbstverständlichkeit? Nichts ist selbstverständlich. Auch nicht die Gesundheit. Gesundheit ist die Gesamtheit ungestörter selbsttätiger Lebensabläufe, ungestörte lebendige Selbsttätigkeit. Hiervon hängt auch innerer und äußerer Friede ab.

Die innere Selbsttätigkeit beachten und wirken lassen, nicht sich unnötig anstrengen. Mehr als bisher alles nehmen, wie es kommt. Nicht sich über etwas aufregen, worauf man doch keinen Einfluß hat. „Streß und Krafteinsatz gehören zum Voranschreiten, dessen Dynamik zum Ziel führen soll. Wir haben uns deshalb angewöhnt, das Leben als Kampf zu betrachten. Das ist aber nur die eine Seite der Ansicht. Betrachten wir das Leibhafte als etwas ebenfalls zum Leben gehörendes, dann können wir auch dort ein natürliches Vollkommenheitsstreben entdecken. Es zielt auf das volle Gewahrsein der Lebensfülle ab, und das ist die Erfüllung. Ein erfüllter Mensch befindet sich im Frieden mit sich selbst, in Harmonie mit seiner Umwelt, im Einklang mit den Gesetzen der Natur . . . Mit der Erlösung des Leibes wächst die Freiheit des Geistes, die Liebe des Herzens und die Freude des Lebens." [21, S. 38]

Definitionen

Bewußtsein — das alltägliche Bewußtsein in Raum und Zeit. Räumlich und zeitlich orientiertes Tagesbewußtsein.

Doppelwertigkeit — ein Gedanke oder Tatbestand ist mit seinem Gegenteil vereinigt. Doppelwertigkeit ist verdichtete Umkehrung.

Ewigkeit — alles, was unabhängig von Raum und Zeit ist. Ursprung und Ende der materiellen Welt, unvorstellbar.

Jenseits — jenseits des raumzeitlichen Bewußtseins.

Kollektives Unbewußtes — enthält die allen Menschen gemeinsamen ererbten psychischen Inhalte.

Kompensation — Ausgleich von Einseitigkeit.

Leib — Organismus, vom Bewußtsein her erlebt.

Organismus — leib-seelische individuelle Gesamtheit.

Projektion — Verlagerung von Subjektivem in ein Objekt oder in eine andere Person.

Symbol — sichtbar gewordenes Jenseits. Vereinigung von Jenseits und raumzeitlichem Dasein.

Symboleigenschaften — Verdichtung, Verschiebung, Verteilung, Umkehrung und Doppelwertigkeit.

Traum, erinnerter — Spiegelung unbewußten leib-seelischen Geschehens, durch die Brille des Bewußtseins entstellt.

Umkehrung — ein Gedanke oder Tatbestand steht seinem Gegenteil gegenüber. Umkehrung ist nur durch Verschiebung möglich.

Verdichtung — mehrere Gedanken oder Tatbestände sind in einem (Traum- oder Symbol-)element vereinigt. Verdichtung ist die Umkehrung der Verteilung.

Verschiebung — ein Gedanke oder Tatbestand findet sich in einem anderen Zusammenhang wieder.

Verteilung — ein Gedanke oder Tatbestand findet sich in mehreren (Traum- oder Symbol-)elementen. Verteilung ist die Umkehrung der Verdichtung.

Schema der Verdichtung und Verteilung

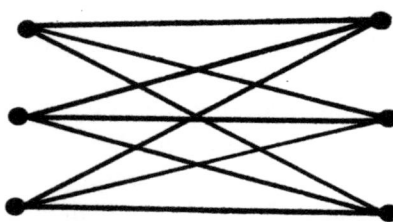

Von jedem Punkt geht eine Verbindung zu jedem Punkt der anderen Seite.

Literatur

[1] *Aeppli, E.,* Der Traum und seine Deutung, 9. Aufl., Rentsch, Zürich 1983

[2] *Bachofen, J.J.,* Urreligion und antike Symbole, 3 Bde, Reclam 1926, hrsg. v. *C.A. Bernoulli*

[3] *Bonaventura, Itinerarium,* übers. v. *Kaup u. Böhner,* Franziskus-Druckerei, Werl i.W., 1932

[4] *Dacqué, E.,* Urwelt, Sage und Menschheit, 9. Aufl., Berlin 1941.

[5] *Dahn, F.,* Germanische Göttersagen, Magnus Verlag, Stuttgart 1984, nach einer Ausgabe von 1892

[6] *Dethlefsen, Th.,* Schicksal als Chance, Bertelsmann, München 1979

[7] *Deussen,* Sechzig Upanishads des Veda, 3. Aufl. Brockhaus, Leipzig 1921

[8] *Eckehardt,* Schriften, hrsg. v. *H. Büttner,* Diederichs, Jena, 1934

[9] *Edda,* die, vollst. Ausgabe in der Übertragung von *Felix Genzmer,* Diederichs, Köln, 1981

[10] *Freeman-Sharpe, E.,* Traumanalyse, aus d. Engl. übers. v. *U. Stopfel,* Klett-Cotta, Stuttgart, 1984

[11] *Freud, S.,* Die Traumdeutung, 4. Aufl., Deuticke, Leipzig, 1914.

[12] *Grimm,* Brüder, Kinder- und Hausmärchen, vollst. Ausgabe, Winkler, München 1984

[13] *Grosser-Ortmann,* Grundriß der Entwicklungsgeschichte des Menschen, 7. Auflage, Springer, Berlin, 1970

[14] *Hahnemann, S.,* Organon der Heilkunst, Hippokrates-Verlag, Stuttgart 1979, Nachdruck der 6. Auflage 1921, hrsg. v. *R. Hael*

[15] *Jung, C.G.,* Psychologische Typen, Rascher, Zürich, 1921

[16] *Jung, C.G.,* Die Beziehungen zwischen dem Ich und dem Unbewußten, Reichl., Darmstadt, 1928

[17] *Kant, I.,* Kritik der reinen Vernunft, 2. Aufl., 1787, hrsg. v. *August Messer,* Th. Knaur. Nachf., Berlin 1931

[18] *Kant, I.,* Kritik der Urteilskraft, Felix Meiner, Leipzig 1924

[19] *Köhler, G.,* Lehrbuch der Homöopathie, Hippokrates-Verlag, Stuttgart 1982

[20] *Lao-Tse,* Die Bahn und der rechte Weg des, Übertragen von *A. Ular,* Inselverlag Leipzig

[21] *Müller-Elmau, B.,* Kräfte aus der Stille, 2. Aufl., Econ, Düsseldorf, 1978

[22] Nibelungenlied und Gudrunlied, nach der Übertragung von *K. Simrock,* Phaidon-Verlag, Stuttgart, 1984

[23] *Ninck, M.,* Wodan und der germanische Schicksalsglaube, Diederichs, Jena, 1935

[24] *Passouant, P., Rechniewski, A.,* Der Schlaf, aus dem Französischen übers. v. *I. Schwaiger,* Econ-Verlag, Düsseldorf, 1981.

[25] *Platon,* Das Gastmahl, übers. v. *R. Kassner,* Diederichs, Jena, 1928.

[26] *Schopenhauer, A.,* Die Welt als Wille und Vorstellung, 2 Bde, hrsg. v. *Grisebach,* Reclam, 1940.

[27] *Schmidt-Thews,* Physiologie des Menschen, 20. Auflage, Springer 1980

[28] *Schubart, W.,* Religion und Eros, hrsg. v. *Fr. Seifert,* Vlg Beck , München, 1941.

[29] *Sobotta, J.,* Atlas der deskriptiven Anatomie des Menschen, Bd. 3, Lehmann, München, 1928

[30] *Steiner, R.,* Wie erlangt man Erkenntnisse der höheren Welten? Anthroposophischer Verlag Berlin, 1919.

[31] *Thakar, V.*, Die Kraft der Stille, Origo, Zürich, 1974.

[32] *Viergutz, R.F.*, Von der Weisheit unserer Märchen, Widukind-Verlag, Berlin, 1942

[33] *Villinger, E., Ludwig, E.*, Gehirn und Rückenmark, 11.-13. Aufl., Engelmann, Leipzig, 1940.